U0866393

足球经略

刘广迎◎著

中国工人出版社

美国作家安·帕奇特在小说《剧院里最好的座位》中写道："你越迷茫，你醒悟得越迟，投入得也越多，也越经不起失去。这就是为什么迷路的人，经常一条道走到黑。"

为什么要写这么一本书

前几年，写了些关于足球方面的杂书，原本不打算再在这方面费功夫了，毕竟足球不是我的“主营业务”，但是，俄罗斯世界杯改变了我的想法。

俄罗斯世界杯及俄罗斯国家队的表现给了国人以极大的刺激。日本队小组出线，韩国队小组赛最后一战2比0战胜卫冕冠军德国队，更是刺疼了国人的心。一时间，舆论场几乎成了国足为何不行的讨论场。在这场讨论中，虽然不乏理性的思考，但更多的是情绪化的宣泄。对于中国足球几十年如一日的屡战屡败，多数人在指责与嘲讽。大家多把矛头指向体育管理部门、足协、足球俱乐部，以及足球运动员，似乎这事与自己毫无关系。这期间，我也发表了一些观感，并写下了这样的句子：当一个国家的国家队进不了世界杯，如果多数人觉得这事和自己有关，并能够对照反思自己，那么，这个国家的国家队一定是有希望的；如果多数人只是在指责与嘲讽，那么，这个国家的国家队是没有什么希望的。也正是有了这样的认识，我才改变了不再出版足球类书籍的想法，开始把过去写的东西加以整理，并增加一些新的东西，准备再出一本更“足球”一点的小书。

关于什么是世界第一运动，在中国曾经引起过一番争论。有人说篮球才是第一运动。俄罗斯世界杯再一次用事实证明，篮球比足球真的差得很远很远很远。重要的事要说三遍。足球能够成为世界第一运动，有许多原因，但最根本的还是因为足球是国民素质、国民性格的综合反映，世界杯就是民族性格的博览会。也有人说，中国足球不行有什么关系呢？中国乒乓球很行，也没见其他国家着急上火！这种观点真的让我着急上火。为啥呢？因为在现实生活中，“一个中国人是条龙，三个中国人是条虫”的现象非常普遍；“一个和尚挑水吃，两个和尚抬水吃，三个和尚没水吃”的故事随时都在上演。我们真的是很会打“乒乓球”的。乒乓球是怎么玩的？我把球打给你，要千方百计让你不好处理，最好是让你处理不了，你也是以同样的原则把球回给我。而足球的玩法则完全不同。我传球给你的时候，要千方百计为你着想，让你接得舒服；你接应我传球的时候，也是尽量降低我传球的难度，让我传得自如。足球是基于团结协作的竞争与对抗，而乒乓球则主要是个人之间的“挖坑式”竞争。两种运动培养的是不同的思维、不同的文化。所以，我觉得足球对于我们真的很重要。

这本书分三个主要篇章。第一篇是足球哲学，从宏观层面去分析足球，一方面分析足球的价值，另一方面剖析影响足球发展的宏观因素。第二篇是足球经略，从中观层面谈足球运动；主要有三个方面的内容：一是足球比赛的战略、策略与原则，二是教练员基本素养与团队建设，三是球员选拔培养的策略与方法。第三篇是足球兵法，主要是足球比赛的战术策略。这三个部分构成了足球发展的道、法、术。

这本书是从管理运作足球的层面来设计思考的，但在写作的过程中，不可避免地产生了一些对足球运动员如何智慧踢球的思考。由于不打算再出版足球方面的书籍，同时这也不是我的专长，就把这一小部分内容作为本书的附录。

我虽然长期关注足球、特别是中国足球，也从事过职业足球的管理与运作，但我毕竟不是专业足球运动员，不太可能有什么深刻的见解，写下这些肤泛之论的目的，仅仅是希望有更多的人喜欢足球，希望有更多的人思考足球，尤其是思考中国足球。中国足球的发展离不开实干，更不能缺失思考。道、法、术三个层面的思考，一个都不能少。

目 录

第一篇 足球哲学

第二篇　足球经略

第三篇 足球兵法

第一篇

足球哲学

FOOTBALL

001

足球的秘密

桌上一杯清茶，手中一册诗书。窗外一树春花，相伴一簇翠竹。这样的小时光，难道不是清新惬意、令人向往的吗？可为什么那么多人喜欢足球胜过喜欢诗书？为什么世界杯期间就成了“寡妇月”？足球到底具有怎样的魔力，可以让荷尔蒙经常爆表的男人们“重球轻色”？世界杯怎么就成了全世界人民的精神盛宴呢？

回答这个问题，还得从人这个物种说起。人是“两面通”的，一面通神性，一面通兽性。人“身上”神性与兽性的共存与斗争，构成了人生百态与世间万象。人往兽性上走，就像到好朋友家串门，说去就去了，自然得很，舒服得很；如同大热天回到自己家里脱衣服一样，每个细胞都痛快舒坦。人往神性上走，如登山观景，路程艰难，心生犹豫，但为了去观赏无限风光，许多人选择了咬牙坚持、不断向上；也像开大会着正装，浑身上下不自在，却依然端坐得像模像样。行走在动物层面是人的自然性、本性；向神性靠拢是人的社会性、德行。人就夹在这二者之间，与神近了“兽性”不高兴，与兽近了“神性”有意见。由于人原本由一般动物进化而来，则更容易与兽性相近。比如，去年某明星夫妻的“做头发风波”，引发各类媒体、社交平台一片狂欢，人性百态俱显，不仅充分体现人的兽性与神性分别“努力工作”的最新成果，而且也证明了兽性的“工作”更有成效。再比如，曾经许多电视栏目因低俗不堪而饱受指责，但假如电视台天天播放京剧、歌剧、音乐剧能够让收视率屡创新高，电视台又何苦为“低俗”劳力费神；反过来说，假如人们一点儿也不喜欢京剧、歌剧、音乐剧，它们也不会产生与发展；其道理同上。

为了“神性”高兴，人们创造真、善、美，创造了一些绅士风度、高雅艺术、文明规则等。为了“兽性”满足，人们又时不时制造假、丑、恶，弄出一些征服、暴力、恐怖、色情之类的事情。

人追求雅俗共赏，就是希望干事情让“神”与“兽”都满意，让自身内置的神性与兽性和谐起来，免得自己两头受气。但能让神、兽共赏的事情并不多。人们创造了戏剧、绘画、音乐、舞蹈等多种多样的精神享受，却要么弄成了“阳春白雪”，兽性嫌“雅”；要么弄成了“下里巴人”，神性嫌“俗”。如何让这二位“爷”都满意，始终是人难以破解的难题。直到现代足球诞生，这个难题才算有了一个“解”。足球是“两个代表”：代表了神性与兽性的共同愿望。它是如何有幸成了“两个代表”的呢?

足球是团体对团体的征服，这是“兽性”乐意的事。足球场上两个队的攻守对决，同战争的场面极为相似。人类历史本身就是一部战争史，战争也是人类文学艺术最主要的表达主题，打斗还是今天最受人们欢迎的网络游戏之一。只要是打架就不乏参与者，更不用为没有看客犯愁。但“神性”是不喜欢打打杀杀的，所以人打仗先得找个理由，比如维护和平、讨回公道等，主要是为了对“神性”有个交代。现代足球的诞生使人类有了一种表达征服欲望的崭新形式，或者说足球是“绿色战争”，是在严格的规则保护下进行的征服与反征服的游戏，对抗激烈，场面刺激，对人又没有致命的伤害，这就为“神性”与“兽性”共赏（雅俗共赏）创造了条件。

足球彰显合作的力量与创造精神，这是“神性”喜欢的事。在足球对抗中，个体和集体的关系表现得最清晰明了。足球是协同、协作、协力的艺术。团结一心可以成就一个伟大的球星，一盘散沙会让英雄无用武之地。法国队明星荟萃、大腕云集，却在南非世界杯上铩羽而归，原因就是内乱，个体与集体的关系没有处理好。足球还是人的力量、激情、智慧与精神的全面竞赛，突显人的力量之美、创造之美、智慧之美、意志之美，以及力量、创造、智慧、意志、激情之间的合作、和谐之美。在南非世界杯上，西班牙人演绎的艺术足球，给人们的征服运动赋予了绅士风度：严守规则却依旧能够击中对手要害，展示力量却不失优雅风度，激情中蕴藏着理性的智慧，团结协作中彰显个性创造的魅力。高水平的足球比赛可以很好地诠释人类创造、进取、进步、友爱与团结的精神追求，彰显神性的力量。艺术足球可以使兽性的欲望与神性的追求都得到一定程度的满足。人在享受艺术足球的时刻，是其内置的“兽性”与“神性”和谐相处的美妙时光。

足球是一种规模性的对抗，更适合规模观赏。足球是规模最大的体育竞技运动，人多、球大、场地大，为人们规模观赏提供了可能性。

从人类生活的现实看，能够让人们普遍而持久地感兴趣的事情或者说能够大规模地吸引人的眼球的事情不外乎两类：一类是情色，一类是战争。情色，符合人的兽性要求，但神性决不会允许其成为“公共事务”。战争也是兽性感兴趣的，但神性与兽性都不太愿意其成为一种生活常态。而足球为人们被压抑的征服欲、性欲提供了一种替代性的宣泄方式。这也算是人类文明的一大进步吧。

从人性的层面解读，足球是人的神性与兽性的共同表达，是智慧与力量的灵动融合。直白一点说，足球是人之野蛮本性的文明宣泄。这就是足球令人着迷的一大秘密。

FOOTBALL

002

足球是哲学的艺术表达

足球凭什么成为世界第一运动，这是个世界性话题。著名动物学家、人类行为学家德斯蒙德·莫里斯在《为什么是足球？》一书中做了系统深入的剖析，指出足球的“七张面孔”是令人着迷的系统性根源。一是足球之根深植于人类祖先以狩猎为生的原始时代，足球运动是最完整地保持了狩猎元素的体育项目；二是足球运动富含战争元素，足球比赛是一种程式化的战争；三是足球比赛名次是群体与个人能力的象征，是所属群体与群体之间地位的争夺与展示；四是足球运动内含着群体归属与认同，能够赋予人们宗教般的情感寄托；五是职业足球是一门大生意，蕴含着巨大商机与利益；六是足球运动是一种充满戏剧性的娱乐活动，可以满足人们形形色色的生理与精神需求；七是足球是一种社会“毒品”，足球带给人们的极度情感体验与毒品一样，一旦吸食则很难戒除。

就是说，对于作为具有动物本能的人的需要，作为社会存在的人的需要，足球一并给予了较畅快又相对文明的满足。但是，这些依然只是足球的外套、裙子、内衣与皮囊，并非它的内在。足球的内核是人生哲学的戏剧化诠释。每一场足球比赛，都是人生哲学的艺术表达。我们在观看比赛的时候，未必去思考人生，但一定是在接受某种教育。我们在看文艺作品、综艺节目的时候，也未必思考人生，但我们就是在看的过程中，形成或改变了自己的道德观、人生观与价值观。足球和文艺作品一样，教育你却不让你知道。但凡让你感觉到被教育的教育，效果大多不好。

有人说，我们的乒乓球独霸世界，欧美人也没怎么着急，他们的足球玩得好就好呗，我们干吗非得跟着凑热闹呢？也有人说，足球是小国游戏，大国莫急。中国的成语说得好：美中不足。美国和中国不屑于玩足球。

乒乓球与足球，虽说都是球，差得可不是一条街的距离。乒乓球是一门“推挡”的艺术，足球则是一门综合艺术。一项体育运动，并不仅仅事关荣誉，而且事关教化。像“斗地主”与“垒长城”一类的专门给“上下游”挖坑的游戏，是不太可能培养出团队精神的。

足球比赛是人类社会的浓缩，也是人生旅程的浓缩。其中包含了社会的方方面面、形形色色与人生的酸甜苦辣、曲曲折折，生动反映了命运的反复无常，以及人类与命运抗争的无可奈何与可泣可歌。足球惹人哭、令人笑，最根本的是比赛的某种情景与人们内心世界产生了共鸣，坚硬的外壳一下子融化了，坚固的闸门瞬间被击碎，人们内心深处的忧伤或快乐如潮水般奔腾而出，无数情感的“堰塞湖”汇流成河，让一座座心灵的“孤岛”沉浸在汹涌澎湃的浪潮之中，从而进入无我之境。

足球比赛，处处是无言的教化，时时有人生的智慧，事事含社会真相。比如：重结果，还是重过程，抑或是二者并重，取舍之间就是世界观、人生观、价值观的洗礼；怎样看待对手，如何对待队友，都是为人处世的学问；裁判的声声哨响，都是社会公平与正义的现实反映；进球与失球，诠释着顺境与逆境；输与赢，诠释着得与失。纪律与自由、执行与创造、激情与理性、竞争与合作、领袖与群众、成就自我与成就他人、确定性与不确定性等，诸如此类的人类生活矛盾，由对立到统一，到新的矛盾，再到新的统一，足球比赛都以其独特的方式演绎得淋漓尽致。可以说，没有任何一项体育运动可以像足球运动一样，将人生哲学诠释得如此全面深刻又生动贴切。

一支球队的表现，抽象出来，就是一个群体的价值观、思维方式与生活态度。观赏足球比赛，就是一种潜移默化的学习。如果能够形成一种体察、感悟的自觉，那么就比书本学习与生活体验的成本更低、收效更快、效果更好。

FOOTBALL

003

作为生意的足球

种粮食的，不如加工粮食的；加工食品的，不如经营食品的。生意人总是处于产业链的顶端。种粮食的农民出力流汗最多，赚钱却最少；生意人似乎无须出力流汗，却赚钱最多。许多人觉得这事有点不公平，但是都忽略了一个事实，那就是汗珠子与脑细胞完全不是一个档次。它们在进化史上，差着上万年的距离。汗珠子值得尊重，却并不值钱。

会做生意，可以说是聪明的代名词。犹太人太会做生意！所以，他们在科学、文学、哲学等任何一个领域都成就非凡。曾经的“日不落”帝国生意做得大，他们在科技与文化艺术领域同样领先世界。后来美国的生意世界第一，他们的硅谷很牛，好莱坞也很牛。到底是因为他们会做生意，才有了科学与文学的发展；还是因为他们发展了科学与文学，才导致了生意兴隆？答案并不重要，重要的是生意与科学、文学有联系。其实，中国人也很会做生意，可惜中国人长期看不上生意人，生意做得又大又好的，大多会千方百计弄顶“官帽子”，否则，就找不到成就感。中国职业足球一直“职业”不起来，很大程度上就是受这种传统思想的影响。

欧洲人最先把足球玩成了一种生意，“五大联赛”成了足球领域的“好莱坞”。从此，欧洲人占据了这个产业链的顶端，自然也占据了足球运动的制高点。从总体上看，任何一个国家的足球，如果进不了这个产业链，他们的国家队就不太可能登上世界杯的舞台。即使登上过，也一定是偶然。

足球竞技的世界杯与作为生意的足球产业链高度吻合。欧洲是做足球生意的，他们进入决赛圈的球队最多，成绩也最好。南美是最主要的职业球员“加工生产基地”，他们处于第二集团。其他像亚洲、非洲的参赛国，基本是为“五大联赛”提供“散件”。而如中国等连“散件”都生产不出来的国家，就只能当消费者了。

在市场经济时期，把足球当作生意，可不仅仅是生意的事。把足球生意做好，足球才会更好。中国费了九牛二虎之力，就是搞不好，一个很重要的原因是始终没有真正把足球当作生意来做。

许多人认为，生意人唯利是图，当官的多是贪官污吏，而没有真正明白，人本身自带唯利是图的属性。唯利是图是一种“能源”，它做什么“功”取决于你把它放进什么样的动力系统之中。只要设计好职业足球的体制机制，并监管到位，这种取之不尽、用之不竭的动力，是能够创造奇迹的。

没有作为生意的足球，就没有今日之世界杯。

FOOTBALL

004

作为文化的足球

大家都说，足球是世界通用语言。这话大体上没错，但这一通用语言，是有着众多“方言”的。如同汉语，中国各地用的是同一种文字，说的是同一种语言，但发音却是千差万别的，外地人只能听个大概，甚至没有“翻译”压根就无法进行语言交流。

吴越之音，跟唱歌似的；燕赵之声，跟吵架似的。南方人细腻，北方人豪爽。说话发音这个事是和做人做事密切相关的。方言不同，反映的不只是地域的差异，还有文化的差异。

足球的“方言”，当然也是不同足球文化的反映。世界足球范围内，有三大“官方”足球语言，也就是说有三大足球文化。其一，欧洲足球文化。欧洲足球文化是生意足球加生活足球。足球在欧洲的普及程度很高，踢球与看球已然成为生活方式的一种。欧洲足球的职业化程度最高，处于世界引领地位。其二，南美足球文化。南美足球是生活足球。在南美，无论贫富贵贱，无论男女老幼，无论黑人白人，无论胜利失败，人们大多对足球不离不弃。足球就是他们的人生伴侣，就是他们生活的组成部分。当然，其中也包含着一部分人的足球梦想。其三，斯拉夫地区的足球文化。这是一种战斗的足球文化。对手越是强大，他们的战斗精神越强；不管结果是输是赢，英雄气概始终都在。

从文化层面上看，世界杯舞台上演绎的就是三大足球文化碰撞交汇的“音乐剧”。为什么说是“音乐剧”？因为它有舞蹈、有音乐、有台词、有表演、有故事。

中国的足球文化是什么？从总体上说就是面子文化。中国人真正喜欢足球的并不多。用一个简单的例子就能够证明。西班牙首都马德里人口不足500万，北京的常住人口是2100多万。但是，到国安主场看球的人数差不多比皇马要少一半。而国安的主场是中国上座率最高的主场。中国绝大多数所谓的球迷，都不过是想着国足在国际赛场上争个面子。大家只想着要面子，急着要面子，谁也顾不上“根”与“魂”的事，所以，面子从来也没有挂住过。近些年，大家又都迷信上了“美容”，不惜花重金买“面膜”，不分昼夜地各种糊。人们似乎忘了一个现实，你往别人脸上糊面膜，却希望自己保持年轻态，如果不是做梦那就一定是有病。

足球文化，可不仅仅是踢球人的文化。它从根本上说，是一个国家、一个地区对待足球的态度，或者说是足球价值观。对待足球的态度不同，足球则不同，那么代表它的国家队在国际赛场上所呈现出来的足球便不同。

“兵民是胜利之本”“战争的伟力之最深厚的根源，存在于民众之中”，毛泽东的这个论断同样适用于足球运动。

顺便再啰唆几句：足球作为一项高度依靠团队配合的竞技运动，对于培养“合作性竞争”精神起着独特的作用。而这种精神正是现代社会、市场经济的精髓之一。

FOOTBALL

005

作为社会的足球

数万人冒着三九严寒，或者顶着三伏酷暑，还要自掏腰包，而且乐此不疲，什么东西有如此巨大的魅力、魔力、号召力？足球，只有足球。

上亿人心往一块想，情从一处生，同喜同悲同疯狂，忘了媳妇与情郎，丢了自己和亲娘，什么东西有如此强大的向心力、凝聚力、爆发力？足球，只有足球。

足球是群体精神的皈依，是民族情感的寄托，是家国情怀的投射。人是社会关系的总和，任何一个人都必须与他人建立起某种关系，才能确定自己的存在与存在价值。足球就是人们之间确立某种关系的重要平台，也是个人与群体价值呈现的舞台。足球运动是最复杂的竞技体育运动，是最接近战争形态的竞技运动，是最能诠释人生无常的运动。因为，足球比赛是高智商、高对抗、高技术等综合实力的较量，是群体竞争的激烈对抗，是充满不确定性的浴血奋战。极易引发情感共鸣、激发群体斗志、确立身份认同。许多竞技体育项目都能够起到身份认同的作用，但几乎没有任何一个项目能够像足球这样把如此广大范围的众多的形形色色的人凝聚到一起。

足球具有很强的社会自组织功能。球迷与球迷话语投机、容易沟通。同一个球队的球迷，心与心的距离往往更近，可以在不知不觉中结下非功利的“绿色”友情，成为“铁哥们”。在巴西，球迷组织已经成为社会组织的重要构成部分，也是最具凝聚力的社会组织。可以说，没有任何其他社会组织能够有球迷群体那样超强的自组织能力。球迷组织，不用国家经费，却比花纳税人钱的组织更具影响力，更有战斗力。聪明的政治家都会恰如其分地运用它。美国前总统罗斯福曾经在华盛顿亲自召集过各大学足球负责人的会议，指导大学生足球运动的发展，他说：“我不赞成把大学生培养成娇弱的书生”，由此得到学生们的喜爱。布什曾亲自在白宫玫瑰园会见美国空军足球队，向球队颁发最高司令官奖品，还接受了空军足球队送给他的印有“布什”字样的 1 号球衣，依此在军中建立自己的威信。

足球是社会稳定的“安全阀”。世界“五大联赛”共同兴起于欧洲并非偶然。人们富裕了，生活有闲了，如何找到生活情趣？众里寻他千百度，原来就在足球处。于是，在观看足球比赛中享受期待的喜悦、体验过程的刺激、放纵生活中压抑的情绪，快乐地消费掉工作以外的时光，就成了欧洲人一种有益的生活方式。每个周末，人们充满期待地与足球“情人”约会，无所忌惮地宣泄情感；此后有三天，人们沉浸在本次约会的喜悦或懊恼之中，与“道友”议论得失、分享感受；再后的三天，人们又憧憬着下一次的相约，幻想着“情人”的种种可能的表现，为自己某一种期望紧张着、激动着。如此循环往复，时光就不再单调、空虚、无聊，而变得充满期待、刺激与色彩。相对论中说，与一个漂亮的姑娘在一起和与一只火炉子在一起，感觉到的时间是不一样的。前者短暂，后者漫长。一个人爱上了足球相当于找到了一个漂亮的姑娘、亲亲的宝贝、可心的情人。人们把心思与时间用在了足球身上，社会就“安全”多了。

踢球或观赏足球，可以让攀登者释放压力，可以让郁闷者宣泄情绪，可以为有闲者的时光里添加多种“维他命”。

FOOTBALL

006

作为健身娱乐的足球

足球的健身功能是任何其他体育项目无法替代的。

足球在竞技运动中，是唯一需要用人的下肢作出复杂动作的群体项目。这对现代人来说，尤为重要。随着科技的发展，人类的代步工具越来越多、越来越先进。相应地，人们使用下肢的机会越来越少，其功能也在逐渐退化，并同时对大脑的发育与开发带来了不少负面影响。所以，足球运动不仅对身体的全面协调发展有着不可替代的作用，而且对人的智力开发也有着特殊的作用。让青少年踢球的价值远胜于学钢琴、奥数与绘画。

所有生灵中，人是最辛苦的。人想要的东西太多，为了生活的幸福快乐，人必须打拼；打拼又让人失去了生活中许多的乐趣；人一生都在这一矛盾中左右失据。哲人为了破解这一矛盾，创造了各种各样的思想观念，为人生赋予了不同的意义，试图使人们在拼搏中体会人生的快乐。社会也千方百计地宣传那些一心打拼的“典型人物”，仿佛在他们身上打拼就是快乐本身，工作就是生活本身。但是，尽管哲人与社会合力引诱与引导、激发与激励、煽动与推动，可对多数人来说，打拼依然是为生存所迫，不得已而为之。如果生存无忧，更多的人还是愿意选择闲暇。假如人可以自由地选择自己的时间消费方式，更多的人会选择悠闲，而不是充满竞争的无休止的攀登。即便是那些喜欢终生奋斗的人，也需要放松。放松之后，才能精神百倍地去奋斗。

奋斗与休闲的矛盾在足球这里得到了某种程度的和解。足球为大众开辟了现实生活之外的另一个情感世界。球迷之于足球的情缘，就像一首歌中所唱的：已是曾经沧海，即使百般煎熬，终究觉得你最好。天天与你相对，夜夜拥你入睡，梦过了尽头也不归。飞跃春夏秋冬，飞跃千山万水，守住你给我的美。也许有人会说：“这不是有病吗？”这话不对。不是有病，是治病。因为物质至上、充满竞争的现代社会就是一所精神病院，几乎人人都有“精神病”。而足球就是精通世界语言的“全能医生”，是调节人类情绪的“情场高手”。无论足球为球迷带来的是失望还是喜悦，是怨还是爱，对现代人来说，都是一种有益的情感体验和精神疗养。

所有生灵中，人是最复杂的。人太辛苦不行，太有闲也不行。太辛苦会郁闷，太有闲会寂寞，都不快乐。而足球是抗争的又是休闲的；是激烈的又是娱乐的；是个人体验的又是共同感受的。因此，足球可以成为一种集体的休闲娱乐方式，一种群体的共同生活方式。

FOOTBALL

007

一场民族性格的博览会

世界杯，就是一场民族性格、民族精神的博览会。你的国家队，一定有你的DNA，根本无须做“亲子”鉴定，因为特征十分鲜明。

英国足球永远少不了蓝领工人的DNA，恪守职责、作风泼辣、强悍豪放。德国足球永远少不了机械理性，意志坚毅，技术精益，简约而不简单。西班牙足球则总是不失华丽优雅，可以高贵地死，决不苟且地生。巴西足球是激情的，法国足球是浪漫的，克罗地亚足球是战斗的。

日本足球是自信与自卑的合体，开放又封闭，好学又独立，有巴西足球的样貌，却无巴西足球的洒脱，但是，越是困难的时候，“武士道”精神越是像无影刀，刀刀见血。用三个字来概括日本足球，就是“菊与刀”。“菊”代表巴西风格，“刀”就是

“武士道”精神。韩国足球就是犟，不管你是谁，掌握着什么理，通通不服，不仅不服，而且万众一心、众口一词地争，哪怕是词不达意，也一定要咄咄逼人。

世界杯上，多数球员都在欧洲踢球或踢过球，但是一旦回到国家队，他们的足球就无法去掉民族味。无论世界足球再怎么融合，民族特色依然鲜明。这也是世界杯比本国联赛更吸引人的一个重要原因。

当人们觉得自己的国家队不怎么样的时候，是把国家队当作一面镜子，好好照一照自己，看看自己所在的这个行业在世界上处于什么水平，瞧瞧自己的专业能力在世界范围内算是什么档次呢？还是觉得这事和自己没有任何关系，甚至以嘲讽自己的国家队为乐？如果多数人能够照自己，那么，这个国家的国家队就是有希望的；如果多数人以旁观者的姿态，去看待与评论自己的国家队，那么，这个国家的国家队是没有希望的。

像足球这样的集体项目，单靠体育部门是搞不成世界先进水平的。足球是民族的、大众的，因此才是世界的。千万不要以为足球是可以用金钱烧制出来的，因为足球是一个民族灵魂的舞蹈，是一个民族的精神大合唱。

靠金钱或者其他特殊手段，偶尔弄出个“高音”来，是可能的。但是，要保持世界先进水平，那是不可能的。

FOOTBALL

008

西班牙足球与斗牛

有形形色色的人在说：改革开放这么多年，只有中国足球一直在努力，从来没进步。有许多许多的人在问：中国足球到底为什么不行？

对这个问题的回答，那也是众说纷纭。这是一个难度系数极高的问题，目前尚没有人能完成令广大评委满意的“动作”。本着先易后难的原则，不妨先瞅瞅那些我们觉得“很行”的，是个什么样子。比如，西班牙足球。

大家知道，正式比赛之前，运动员都得先热身，否则不仅会伤身，而且不太能够正常发挥。所以，在观看西班牙足球之前，得先瞧瞧西班牙斗牛。

西班牙人喜欢斗牛表演，由于太多人太喜欢，就感染得世界上许多人也跟着喜欢起来。外国人到了西班牙若是没看斗牛，就跟没去过西班牙似的。结果，斗牛这项娱乐活动就成了一项很热火的文体活动与经济活动。西班牙斗牛起源于宗教祭祀活动，至今已经有上千年的历史。现在，每年的 3 月到 11 月是西班牙斗牛节，一般在周四与周日举行。西班牙有 300 多处斗牛场，最著名的是马德里文斯塔斗牛场，大约能容纳 2.5 万名观众。

斗牛也是需要先“热身”的。先是助手出来引逗公牛，然后是长矛手骑马出场，像投标枪似的把长矛投向牛背，接着是花镖手上场，如玩飞镖似的，目标也是牛背。你想啊，这长矛、花镖扎在背上，那得多么难受！此时的公牛已如杀红了眼的战士，恨不得与敌人同归于尽；观众也开始荷尔蒙上升，所有的细胞都活跃起来。这个时候，主斗牛士才身着盛装，一手持利剑，一手持红巾，迈着绅士步，闪亮登场。斗牛进入最精彩的时刻，只见主斗牛士不慌不忙地用红巾挑逗公牛，撩得那公牛性起，于是铆足了全身力气，亮出锋利的牛角，疯狂地向他扑来，眼看着那牛角就要刺中他的身体，观众的心都卡在了嗓子眼里，就在这千钧一发之际，斗牛士一个闪转，公牛扑空了。观众席上一片惊呼。如此反复几次，斗牛士每次闪转动作，都有新意，都上升了难度，增加了风度。观众在惊呼之后，体内的血液在回流，而赞叹也随之涌上心头。待公牛筋疲力竭之后，斗牛士才亮出利剑，直刺要害，一剑毙命。

在生与死的电光石火之间，斗牛士表现出的那种从容潇洒，那份华丽高雅，与观众的灵魂产生了强烈的共鸣，这大概就是斗牛表演令人着迷的关键所在。面对死亡的威胁，一定要优雅地摆一个 POSS！能够把斗牛演绎得如此震撼人心，得益于斗牛士已经达到了身体、技术、智慧与灵魂的和谐统一。在危急关头，是仓皇逃窜，还是临危不惧，抑或是优雅地应对？斗牛士给出的答案是：勇敢面对、潇洒应对、不失高贵。

西班牙足球的血管里流淌的正是斗牛士的血液。你看他们潇洒而又充满智慧的传切配合，像不像斗牛士在撩逗公牛？你看他们精彩绝伦的射门，像不像斗牛士，决不盲目出剑，从不仓促出剑。他们同样追求胜利、注重进球，但他们不会因此放弃华丽、丢失高贵。进球与精彩，一个也不能少。过程与结果，两个都重要。西班牙足球正是因为有了这种精神，才赢得了普遍的尊重，不论是胜利者还是失败者。

任何事物的发展都有一个历史过程，都要有文化精神的积淀。像足球这种最具战争形态的群体性体育比赛项目，则需要更漫长的历史积累与更丰富的文化积淀。心急吃不了热豆腐。速成的东西都长不了。

足球场上比赛的是 11 名运动员，而他们呈现出来的东西却是他们身处的那个群体的基本特质。

足球是一面镜子，可以照见一个群体的精神内核。

FOOTBALL

009

工业革命与英国足球

聊完了西班牙斗牛与足球，再来聊一聊工业革命与英国足球。英国足球强不强？要说强吧，它的成绩还真不怎么样。要说不强吧，它在世界足坛的地位还是蛮高的。

英国虽然有多支球队可以参加世界杯，但也只有英格兰队于1966年在本土拿了一次世界杯冠军。近几十年来，英国各队在世界杯上的表现实在是一般以下。不过，这并不影响英超在世界职业足坛的影响力。曼联、曼城、切尔西，那都是顶呱呱，名声响得很！

自20世纪70年代之后，英国诸队在世界杯上的考试成绩，总体呈下滑趋势，但为啥还牛气冲天？其一，人家是现代足球的鼻祖；其二，人家还是职业足球的师傅。

足球不是起源于中国吗，怎么英国成了现代足球的鼻祖呢？

大家都知道，工业革命发端于英国。工业革命后，机器工厂代替了手工作坊，工业生产催生出分工协作。工厂需要大批工人，大量的农民、手工业者等就进了工厂当了工人。这些工人过去踢的是乡野足球，当了工人以后，工余时间也踢球玩。踢着踢着，就有聪明人把工厂管理的理念引入进来，渐渐形成了分工明确、相互协作的踢球方式，于是就诞生了现代足球。曼联是铁路工人出身，阿森纳是兵工厂工人出身。

英国足球在20世纪初依靠从工业领域引入的先进理念与管理方式，走在了世界足坛的前列，独领风骚数十年。到了20世纪70年代，荷兰足球给世界足坛带来全攻全守的全新踢法。荷兰足球在英国现代足球的身体内，植入了“海盗”精神，一时成为世界足球时尚。冒险、精湛的技术、小团队密切与默契的配合。荷兰足球虽说是全攻全守，但它的防守其实也是一种“突击”。这也是“海盗”的特点之一。也正是因为如此，荷兰足球虽有“无冕之王”的美誉，却从没赢得世界冠军之实。

英国足球不像西班牙足球那样华丽，也没有意大利足球那些高深莫测的战术变化，更没有巴西足球的激情创造，有的是流程化的长传冲吊、边路传中，有的是激烈的对抗、逼抢、铲断，有的是自始至终不惜体力的奔跑，有的是每一个位置上的恪尽职守。在岗一分钟，苦干六十秒。无论脏活还是累活，签了合同就好好干活。忠于职责又相互协作。英国足球表现出来的东西，其实就是蓝领工人的职业精神。英国人创造的现代足球，是机器大工业带来的副产品，本质上就是工业足球。没有工业革命，也就不会有现代足球的诞生。

英国足球俱乐部有着近200年的历史，最初大多是草根俱乐部，是由工人自发组织起来的，所以球迷与球队有着天然的“血缘”式情感。各个俱乐部都有大批铁杆粉丝。有些球迷群体有自己的专属看台，有的球迷有自己的专属座位，世代相传。无论球队成绩好坏、升降沉浮，他们都与球队风雨同舟、荣辱与共，决不会移情别恋。比如，诺丁汉森林、利兹联、考文垂等老牌球队降级时，球迷在现场一边涕泪横流，一边热烈鼓掌；球员们则热泪化雨，绕场致谢；那场面真是感天动地。在这里，球迷与球队，不是你和我在一起，而是我们在一起，大家是不分彼此的一家人，球迷与俱乐部有着共同的身份认同。

随着市场经济的发展，英国足球俱乐部演变为职业足球俱乐部。足球运动开启了以商业模式满足球迷精神需求的历史。英超是把足球生意做到顶尖的职业体育组织之一。英超也烧钱，但和中超不同。其一，英超是向股东分红的，中超是股东狂掏自己腰包的；其二，英超是别人拿钱到他们的“庙里”烧香，而中超是自己拿钱给别人的“菩萨”烧香。买最好的“设备”，生产最好的“产品”，卖出最好的价钱，这是英超的经营之道。用最高价格，买“名牌设备”，只求最好成绩，不问市场回报，这是中超的流行做法。

足球是一面镜子，可以照出一个群体的生存环境以及与之紧密关联的职业素养。

FOOTBALL

010

日尔曼精神与德国足球

到了德国人的厨房，那真叫一个开眼。那些厨房用具，品种齐全，设计合理，做工精美，使用方便，还具备精准的度量衡功能，而且排列有序、干干净净，丝毫不亚于科学实验室的精密设备。

有人说，如果在凌晨看到有人在空空如也的马路口耐心地等着红灯变黄灯再变绿灯，那一定是德国人。

严谨、精准、高效的作风，理性、专注、精益的精神，一丝不苟的习惯，钢铁般的纪律与混凝土般的意志，再加上雄心勃勃的愿景，让这个面积并不大的国家、人口并不多的民族成为曾经深刻地改变世界至今依然举足轻重的重要国际力量。

德国制造那就是“放心”的代名词。

德国人做事不声不响，不鸣则已，一鸣惊人！

1954年第五届瑞士世界杯，最大的夺冠热门是匈牙利队。热到什么程度呢？几乎没有人怀疑匈牙利人夺冠。匈牙利人在小组赛中，以9比0屠杀韩国，8比3大胜西德。淘汰赛中，又以4比2的相同比分，把巴西队和乌拉圭队赶回家，可谓所向披靡。更让匈牙利人高兴的是，决赛的对手是自己在小组赛中以悬殊比分战胜过的西德队。决赛中，匈牙利人很快就取得了2比0的领先优势，眼看着冠军就要到手，岂料德国人硬是虎口夺食，愣是连入3球，以3比2逆转取胜，不可思议地捧起了冠军奖杯。

从此，德国人用不同寻常的胜利向世界宣告，足球胜利不只依靠身体、技术、战术、地利与运气，还需要严密的组织纪律与强大的精神力量。

许多人觉得德国足球不好看，没有荷兰足球的热烈，没有法国足球的浪漫，没有葡萄牙足球的柔美，没有英格兰足球的粗犷与刺激。但大家也都不得不承认，德国队是发挥最稳定的球队，是国际大赛中经常创造奇迹的球队，是一支经常给对手制造意外而基本不会让对手给自己制造意外的球队。该拿下的对手总能拿下，不太可能拿下的比赛也时常拿下。

德国足球简约但不简单，就像他们厨房里的厨具，实用好用又不失精巧。德国足球直接但不直白，看上去没有什么弯弯绕，骨子里却深藏着精密的算计。德国足球没有花里胡哨的盘带过人，却有着极强的整体、超强的理性和超高的效率。德国球员基本功扎实，身体倍儿棒，意志倍儿坚，执行力倍儿强，较少个人英雄式的表演，注意团队配合，属于“理工男”型，具有“技术性”创造力。从技战术层面上看，德国足球没有艺术美却不失工艺美。从精神层面看，德国足球的意志力之花在世界足坛独占鳌头。

德国曾经惨败过，德国足球也有失败的经历，但他们失利之后能够深刻地反省，迅速地拿出对策，认真地付诸行动。他们不太强调客观原因，也不善于把责任推到某个人身上了事；更不会把制定规划当作成绩，今天你绘一个蓝图，明天他弄一个方案。靠着不屈的斗志与务实的作风，他们总能在跌倒之后，很快地站起来，并重新赢得人们的尊重。

足球是一面镜子，可以照见一个群体的生活习性与思维习惯。

FOOTBALL

011

桑巴舞与巴西足球

有一次到巴西，有朋友说：“上帝太眷顾巴西人了，给了他们天堂一样的自然环境。要是中国人有巴西这样的自然条件，那早就是世界第一了。”另一位朋友说：“要是中国人有巴西人的自然环境，或许中国人就成巴西人了。”

巴西最不适合人类居住的地方，不是高原，不是沙漠，而是茂密的森林以及丰沛的水系。巴西资源丰富、物产丰富，饿不着人，冻不着人，渴不着人，而且风景宜人、气候宜人。巴西人受自然条件的约束少，没有为占有而努力奋斗的爱好，所以他们潇洒度人生，自由走天涯，舞蹈着过日子。阳光、沙滩、海浪赋予了他们更多的能量，所以他们可以尽情地释放自己的激情。再加上过去没有食物存储的条件，东西不吃很快就会坏掉，自然地形成了即时消费的习惯，并由此形成了心无挂碍、热烈奔放、纵情享受的民族特性。无论是什么文化到了巴西，都会被它的热情融化。

欧洲人把欧洲足球带到了巴西，巴西人把欧洲足球与本国文化相结合，创造出了世界足坛独树一帜的“桑巴”风格。16 世纪，约 600 万非洲黑人被贩卖到巴西当奴隶，他们带来了桑巴舞的种子。这颗种子在巴西民族舞蹈的土壤中生长演变，本土化为巴西民族文化的经典符号。桑巴舞与足球成为巴西的代名词。“每一个巴西人都可能是父母在一个狂欢节的桑巴舞夜晚的激情创作，巴西人的血液里流淌的是桑巴的旋律，桑巴就是我们的生活方式。”巴西人如是说。

桑巴舞性感撩人，热烈奔放，自由豪放，无拘无束，随性而为，动作多即兴而生，却浑然天成。舞步要在全脚掌踏地和半脚掌垫步之间交替完成，并通过膝盖、踝关节的屈伸、弹动，使全身前后摇摆，整个身姿如南美椰树随风摇摆，具有高度的灵活性与柔韧性，尽显摇曳多姿之美。

桑巴舞是巴西人的精神食粮。跳舞如吃饭一样自然，与睡觉一样不可或缺。他们平时跳，节日跳；在舞台上跳，在沙滩上跳，在家中跳，在大街上也跳；白天跳，夜里跳，节假日里通宵达旦地跳。只要桑巴舞曲响起，人们总是激情难抑，舞之蹈之，欲罢不能。

巴西人如果不是在跳桑巴舞，那就一定是在踢足球。在巴西到处可以看到足球元素。在美丽的海滩上，可以看到巴西人的另类排球。他们用脚发球，对方用胸部停球，用头扣球，以此来完成进攻。由此可见巴西人对足球的偏爱。巴西足球一如桑巴舞蹈，满满的激情，万分地灵动，十分地性感，踢得美，看着也美，特别能感染人、打动人。巴西足球是大自然的协奏曲，是世界足坛的天籁之音。金戈铁马中有似水柔情，轻灵飘逸中暗含力道千钧，万千变化中有美的韵律节奏，热烈奔放中不失娇柔婉转。桑巴舞与桑巴足球都在表达着巴西人的自在，都是一种自在的生活方式。自在为一种生活情调，自在为一种艺术享受。

巴西足球是生活足球。巴西人也关注胜负，但输球的忧伤是短暂的，赢球的快乐也是瞬间的，丝毫也不影响他们继续踢球的热情。赢得世界杯他们一起欢庆，输掉了世界杯他们照样一起踢球。他们从来不会因为国家队的成绩不好而讨厌足球、远离足球。输赢只是足球的一部分，悲喜也只是生活的一部分。

足球是一面镜子，可以照见一个群体的人生态度与生存状态。

FOOTBALL

012

没有风格就没有优势

巴西足球有桑巴风格，德国足球有战车风格，西班牙足球有伦巴风格，世界足球强国无不有自己的独特风格。

没有自己的风格，就没有世界杯赛场上的立足之本。中国足球就没有自己的风格，所以进不了世界杯。严格来说，亚洲各国足球都没有形成鲜明风格，如果不是分配名额，亚洲各国都进不了世界杯。

亚洲足球为何没有自己的风格？跟在别人后头亦步亦趋，画虎不成反类犬。中国足球则是邯郸学步、东施效颦的典型。中国足球不可谓不谦虚，英国、德国、巴西、意大利、阿根廷，世界足球强国几乎学了个遍，什么风格都尝试过了，结果把中国风格给弄丢了。

足球风格为何如此重要？因为它是一个民族的优势在足球运

动身上的集中反映。这种优势是软硬两方面优势的集合。没有风格就意味着没有把自身的优势在这项运动中体现出来。也就是在以己之短克敌之长。

许多人认为，中国人的身体条件不适合足球运动。但是，这不能解释中国队总是赢不了日本队，更不能解释泰国队经常能赢中国队。要说这两个国家没有说服力，葡萄牙与西班牙有说服力吧？这两个国家球员的先天条件在欧洲处于绝对下风，比中国球员也强不到哪里去。他们是靠什么立足世界足球强国之林的？智慧与技术。想想看，如果他们学习英国或德国的足球风格，会是什么局面？恐怕和中国足球一样悲惨。

在俄罗斯世界杯上，墨西哥对阵德国，论球员身体条件，墨西哥比德国差了许多，但墨西哥靠风一样的风格，刮得德国球员“尿急”。不同风格之间的确有相生相克的关系，但没有风格，就没有“生”，也无所谓“克”。

中国要成为世界足球强国，只能走世界足球先进经验与中国人自身特点相结合的路子，逐渐形成足球的中国风格。

中国足球风格从哪里来？从实践中来。中国这么多人口，这么大疆域，这么多民族，不能由谁规定风格，不能盲目跟风，只能放手让大家去在实践中探索。实践出真知。但有一点是肯定的，那就是单纯依靠外国教练是不可能形成中国足球风格的。

FOOTBALL

013

中国足球风格

理论来自实践，实践又必须上升为理论，才能更好地指导实践。说中国足球风格只能从实践中来，并不是说不能进行思考与谈论。

探索中国足球风格，首先要分析中国人的优势在哪里，然后再看看这些优势能否在足球运动中呈现出来。

有人说，凡是隔着网子的项目中国人都行，如乒乓球、排球、网球等。但是，这些项目我们也有不行的时候。

以乒乓球为例，我们看看它行与不行的时候是个什么情况。中国乒乓球不行的时候，日本乒乓球行过，欧洲乒乓球也行过。日本乒乓球行，靠的是创新。小弧圈球的发明让他们独领风骚若干年。欧洲人在此基础上，发展出大弧圈，借此占据了乒坛的世界高地。这种打法，把欧洲人身高马大、力量足、覆盖面广的优势发挥得淋漓尽致。

中国是怎样夺回制高点的呢？集合式创新。中国球员起初直拍改横拍，学习拉弧圈，效果并不理想。之后，不断总结经验教训，把中国乒乓球的传统优势与世界乒坛新技术相结合，确定了力抢前三板的策略，用速度、旋转、落点的变化，控制对手，调动对手，不给对手侧身的机会，不让对手退台，从而抑制了对手的长处，遮蔽了欧洲选手的光芒。

与欧洲、南美、非洲人相比，中国人的优势是脑子反应快，小肌肉群发达。中国就是把脑子快、手腕与步伐灵活等特点，落实到乒乓球的快与慢、转与不转，以及落点的变化之中，达到了扬己之长攻人之短的效果，成就了世界乒坛的霸主地位。

中国在跨栏、百米、短距离游泳等项目上，已经达到或接近世界先进水平，说明中国人在冲刺能力上具备优势。

那么，中国人的这些优势能够在足球项目上呈现出来吗？与篮球相比，足球更有利于这些优势的发挥。因为，足球比赛空间更大，不同民族发挥各自优势的余地就更大。脑子反应快，可以让足球运转得更快；小肌肉群发达，可以在小技术上做得更细腻；脑子快、小技术出色，可以更好地运转足球，可以更好地摆脱对手，可以在定位球上有更多变化，可以更精益更精准；重量轻，提速快，则可以生吃对手。领先一步，就没有了身体对抗。

在俄罗斯世界杯上，韩国球员孙兴慜在前场冲得瑞典大个气喘吁吁、狼狈不堪。假如韩国队不是上了一大个的前锋，而是速度型球员，和孙兴慜配合起来，或许就不会以一球落败。日韩球员能够在欧洲五大联赛立足，说明亚洲人包括中国人是可以在足球项目中一显身手的。其中的关键是发挥自身的优势，形成自己的风格。鹿碰上老虎，一定是比赛跑，而不是拼对抗。狐狸要从乌鸦嘴里夺食，不是去练飞翔，而是用脑子。

总体说，中国足球应该追求：在大范围内，靠时间换空间，用速度获取局部优势；在方寸之间，靠技巧换力量，用速率赢得对抗；从总体上，靠脑子控大局，用集体的超前预判、快速决策、心领神会，实现精妙配合、节奏变化与战术调整。总之，中国足球只有念好“快”字诀，脑子快、传球快、动作快、速度快，把“快”落实到每一个环节，再把“精”落实到每一个细节，才有希望迈进世界足球强国的行列。

FOOTBALL

014

卫冕冠军的世界杯魔咒

俄罗斯世界杯，德国队小组赛最后一战，0 比 2 不敌韩国队，没能打破近几届世界杯卫冕冠军打完小组赛就“回家吃饭”的魔咒。

曾经，浪漫的法国队小组赛倒下了，“混凝土”式的意大利队小组赛倒下了，华丽的西班牙队小组赛倒下了。这一次，“钢铁侠”德国队还是没能幸免。

为什么？

成功是失败他爹。人们都知道“失败是成功之母”，并没有多少人去“八卦”哪个是“失败他爹”。成功是滋育出来的，失败则是“作”出来的。花开花落，月圆月缺，是自然规律。区别只是花期的长短而已。

一支球队走上世界足球之巅，要继续保持清醒的头脑、谦虚的态度、扎实的作风、进取的精神是一件特别困难的事情。他们一般会沉浸在自己的成功经验里难以自拔，并伴随着进取精神的日益衰退。绝大多数成功者都会在自己的成功模式里自得其乐，身处危境而不自知，终至在某一时刻轰然倒塌。这就是王朝更替、企业兴衰、球队成败的根源。

当一支球队在世界杯的舞台上艳压群芳，无数人都会或明或暗地研究它成功的秘密，如果它不能研发出新的秘密武器，那么，它在下一届世界杯的战场上，必然会成为站在明处的靶子，很难逃出被乱箭射死的命运。

形势在变化，事物在发展。四年一届的世界杯之旅，如逆水行舟，不进则退。要逆水行舟不后退、不落伍、不掉队，光靠“用力撑”不行，还得创新，还得革命。这个革命不是革别人的命，而是革自己的命。对过去的成功模式给予否定，对过去的优秀经验给予扬弃，不忘初心，从零出发，才可能不被后来者超越。

夺冠是超越别人，卫冕是超越自己。看清别人相对容易，看清自己则困难百倍。看不清自己又何谈超越自己！

成功之后，不骄傲难；要自我清零，更难；要实现自我否定、自我革命，更是难上加难。

如何破解？有无妙方？无他。向成功迈进的时候，侧重于解剖别人，用人之长补己之短，形成与众不同的自己。保持领先地位的时候，侧重于解剖自己，补己之短，长己所长，成就一个全新的自己。无论是什么时候，都要做一个开放的自己，不让自己在“舒适区”里休息。所有的失败都来源于过往的舒适。正所谓“生于忧患，死于安乐”。

FOOTBALL

015

苦乐都在一重天

俄罗斯世界杯，葡萄牙对西班牙之战，独中三元的C罗一跃成为众神之神。C罗是怎样成为“C罗”的？一些喜欢抽象“八卦”的人开始推理并爆料。

有人说，篮坛的詹姆斯，足坛的C罗，都得益于某种“加持”。这个诊断是依据如下细节推演出来的。

据英媒爆料，C罗在曼联时，每天至少花一个小时锻炼腰腹肌肉，到了皇马之后，每天3000个仰卧起坐。前皇马主教练安切洛蒂说，C罗有时会训练到凌晨，将娇美的女友扔在家里独守空房。

有人还发现，即使在休假期间，C罗也会坚持每天撸铁。为了方便，C罗干脆把客厅改造成了健身房，每天在这里挥汗如雨达3个小时。

据考证，自18岁加盟豪门曼联起，为了能够在推崇身体对抗的英超立足，C罗就开启了疯狂健身模式，肌肉变得越来越漂亮。在伯纳乌的日子里，C罗的身体不断进化，达到了可以与一流田径运动员相媲美的程度。

从一撞就飞的花瓶，到满身“铠甲”的绿巨人，C罗只有一个秘诀，那就是苦练。这期间，并没有任何个人与组织对C罗制定单独的奖惩制度，没有任何物质与精神上的激励与约束。由此推断，C罗得到的“加持”就是自律。

越是站在世界之巅，越是懂得自律的意义。这就是C罗成为“C罗”的秘诀。这个结论颇具说服力，我却觉得或许有另外的情况存在。

自律是什么？自律就是在没有外在监督的情况下的自我约束。用弗洛伊德的话说，就是“本我”觉得这么干太苦，一点也不想干了；“超我”觉得这么做很快乐，恨不得一直做下去；“自我”做了个折中，那就每天坚持3个小时吧！

可见，自律不是一件容易的事情，也不是一件十分靠谱的事情。那个“自我”需要经常做“本我”与“超我”的工作，时常两头受气，难免有不愿为或不能为的时候。这就如同男人整天要处理“妈妈”与“媳妇”的矛盾，结果一般有三种，一种是听妈妈的话，媳妇走人；一种是从了媳妇，与妈妈断绝了正常交往；一种是妈妈与媳妇和谐了。

C罗是哪一种情况呢？也许是“本我”与“超我”已经和谐相处了。如果是这种状态，那就不是什么自律，而是自然自在。

这就比自律“更上一层楼”了。如此才能解释C罗的“楼层”为何没有几个人能够攀登上去。

释迦牟尼希望人们到达“彼岸世界”。“彼岸”与“此岸”的差别是什么？苦乐观不同就是极为重要的区别之一。你以为苦的事情，他却乐不可支，这种情景并不少。比如：有人玩“王者荣耀”可以饭不思、觉不睡，沉浸其中，物我两忘；有人觉得玩这东西，一会儿就脖颈僵硬、两眼昏花、腰酸背疼，简直是苦不堪言。你觉得“葛优躺”舒服，他觉得“跑马”才叫痛快。苦乐都在一重天，体验却是两重天，由此形成了个人成就的多重天。你在“此岸”，他在“彼岸”，你理解不了他的世界。

C罗说：“值得拥有的东西，永远都来之不易。”真正来之不易的不是“值得拥有的东西”，而是你在追求的过程中体验到的别人体验不到的愉悦。

C罗还说：“你今天的日积月累，早晚会成为别人的望尘莫及。”如果你的“日积月累”让你每时每刻体验到的都是苦，你的“积”与“累”迟早是会“垮坝”的。即使坚持到了“别人的望尘莫及”，也许会后悔莫及。

FOOTBALL

016

问君钱多愁不愁

一分钱难倒英雄好汉。没有钱，肯定是个事儿。钱多多，是不是个事儿呢？这个真得具体问题具体分析。

《易经》系辞中有这么几句话：德不配位，必有灾难。德薄而位尊，智小而谋大，力（小）而任重，鲜不及矣！就是说，德才不够，却占据重要位置；贡献不足，却占有很多财富；智慧有限，却掌握很多资源。这些都是很危险的情况，不知道啥时候就会带来灾祸。

《易经》强调“厚德载物”。如果钱有德托着，就是福；如果德微钱多，就生是非祸患。

何为德？你对他人、社会有贡献就是有德。你得到的钱权名小于你的贡献，就是厚德载物。

钱多了，懂得有危险，知道犯愁，然后，要么散财，要么增加自己的贡献，要么二者兼做。这样才可能避免是非祸患生于自身。

德与得孰多孰少，不太好衡量。怎么办呢？简单的办法就是得到钱财之后加倍付出。

讨论一个具体问题：中国职业球员收入与贡献够不够厚德载物？

想想郝海东、范志毅、李霄鹏当年拿多少钱，再看看今天的球员比他们的前辈们的能力、表现有没有提高，然后再刨除物价上涨因素，答案自然就浮出水面了。

如果能力没多少提升，贡献也没有增加几分，收入却成倍增长，就有祸患埋在其中了。怎么破解？或者主动降薪，或者刻苦训练提高能力，打出高质量的比赛来。主动降薪恐怕没人愿意，那就只能加大付出，让能力一天天提升，让贡献一天天增加，把“德”逐渐加厚，使之能够载得动这许多钱。

不然呢？如果国家队的表现没有实质性进步，职业球员的好日子怕是快走到尽头了。

钱这个东西，人是喜欢的。用好钱这个东西，事关人成为什么东西。钱来得太易，花得太随便，往往让人不是东西。

俗话说，不是不报，时候未到。“中职足”的投资人需要有一分清醒！中国职业球员也需要有一分清醒！钱能够买到很多东西，钱也会让人失去很多东西。中国球迷已经发出愤怒的吼声。千万不要以为，中国球迷吼三吼，不如小风吹杨柳。

FOOTBALL

017

人品、球品与精品

法国队被称为“高卢雄鸡”，意思是公鸡中的“战斗鸡”。俄罗斯世界杯，“高卢雄鸡”中有好几只“小公鸡”，其中最先报晓的一只，名叫姆巴佩。

19 岁的姆巴佩，因为一场比赛的惊艳，一举成为世界足坛最耀眼的新星。俄罗斯世界杯八分之一决赛，“高卢雄鸡”法国队与“潘帕斯雄鹰”阿根廷队狭路相逢，究竟哪一个能飞得更高走得更远，举世瞩目。谁也没有想到，初出茅庐的姆巴佩成了决定胜负的关键人物。

“黑旋风”姆巴佩，有着疾风一般的速度，骏马一样的雄姿，AI 似的头脑，核弹一样的威力。开场仅仅十多分钟，姆巴佩就把阿根廷队那些赫赫有名的老鹰遛得呼吸道堵塞，小腿肚子抽筋。一个姆巴佩就把阿根廷的后防线冲得七零八落、漏洞百出，弄得身经百战的老鹰们狼狈不堪、颜面尽失、心惊胆战。这场比赛，姆巴佩创造了一个点球，贡献了两粒进球，还让阿根廷人付出了三张黄牌的代价。

姆巴佩用球品征服了球场、征服了球迷、征服了世界。这位青葱少年，还有着同辈甚至是前辈都没有的价值观念与行为举动。比如，他认为为祖国效力是不应该收取报酬的。因此，他把每场比赛 2 万美元的薪酬一分不留地捐献给慈善机构。他还约定，如果法国队夺冠，他将为残疾儿童捐出 30 万美元。

格列兹曼在攻破乌拉圭队的球门之后，没有与欣喜若狂的队友一同庆祝。赛后，他谈到原因时说，过去曾在一位乌拉圭籍的队友那里学到了很多东西，和许多乌拉圭球员是好朋友。他还说，无论自己有多大贡献，都无法和团队相比。

是球品增益了他们的人品，还是人品滋养了他们的球品，抑或是相互促进、相得益彰？可能只有他们自己才能想得明白、说得清楚。但是，只有人品与球品俱佳，才能算得上绿茵精品，应该没有多少异议。

俄罗斯世界杯期间，马云、王健林、柳传志等商界大佬齐聚央视《对话》，共议足球与中国足球。马云先生说，中国不缺懂球的人，缺懂足球改革的人。王健林先生很自豪地说，我不仅懂球、懂怎么搞好足球，而且我还有成功实践。当年大连万达国内赛场 50 多场不败，还横扫亚洲。那份自信着实让人敬佩又令人害怕。

中国足球到底缺什么？我觉得缺得很多。缺真正懂球的，也缺懂得足球改革的，更缺懂人的，最缺懂做人的。人品上不去，搞什么东西也入不了流。人品当中，有感恩的心与行，善于自我批判，又是最为关键的两条。

感恩的行为，不是一种单向的奉献，而是相互回馈、相互增益，是一种良性循环，是一种心灵生态。如果人人都懂得感恩，人间就是天堂。如果多数人懂得感恩，大家就都住在了天堂旁边，与上帝是邻居。足球作为一种团队项目，没有一颗颗感恩的心在一起，踢不出像样的比赛来。

谦虚使人进步，自我批判则使人跃进。中国足球屡战屡败，社会各界无不嘲讽之，仿佛国足跟自己没有半点关系，好像自己比国足队员强很多！又有几人对照国足反思自己？如果多数人能够拿国足当镜子，照照自己的行业在亚洲在世界是个什么档次，照照自己在专业上具备什么能力处于什么水平，那么中国将会是什么样子？国足又会是什么样子？拿着“手电筒”只照别人，不照自己，这是什么人品？

不论什么事情搞不好，人们总习惯拿体制机制来说事。但好人品与好的体制机制哪个在先哪个在后，其实是“先有鸡还是先有蛋”之类的命题。体制机制的变革是永无止境的，改革体制机制也是必需的。但只对体制机制开刀，不给人品“保健”，好的体制机制从何而来？又如何落地？

人品“保健”与体制机制改革，都离不开自我批判。自我批判是最稀缺最可贵的人品要素。中国足球要健康快速发展，就得处理好人品、球品与改革的关系。没有人品的根深叶茂，哪里会有足球的参天大树？

FOOTBALL

018

真正的胜利是对手的认可

胜利这个词，人人都熟悉。若要问什么是胜利，答案可能并不一致。仔细想想，则会发现，这个词还真是不那么简单。

古代作战，双方各出尖子选手单挑，个人的胜负就代表集体的胜负，尖子选手的胜利就是自己所属集体的胜利。后来，大概有人觉得这么做好像有点傻，单挑不行，为什么不打群架试试？这样一来，能把对手打跑了的那一群人就成了胜利者。后来，又有人发明了游击战，单挑不行，打群架也打不过，就暗中打黑枪，或者来个突然袭击，撂倒你几个就跑掉，自己也认为是取得了一次胜利。再后来，大家觉得占了对手的地盘，重新建立了政权，那才是真正的胜利。直到美国军队不费吹灰之力拿下伊拉克，如入沼泽般陷进了伊拉克，美国军人才认识到，对胜利这个词，不同的人可以有不同的理解，或者可以各自解释，而真正的胜利是赢得对手的认同。没有认同，冲突则无法消除，胜利也就无从谈起。美国军队由此引发了一场军事理念的变革，由单纯注重提升士兵的军事素养转变为同时提高士兵的人文素养，让士兵既可以用武器说话，还能用思想去征服对手的头脑。

怎样才能取得对手的认同？其实就是在坚持武装斗争的同时，再用好以德服人。我们来举一个足球比赛的例子做一说明。

这是一场被足球界公认的20世纪最经典的足球比赛，这是一场“现代战车”与“混凝土”式防守的超级较量。这是第九届世界杯的一场半决赛，时间是1970年，地点是墨西哥，参赛球队是西德队和意大利队。西德是上届世界杯冠军，意大利是1968年欧锦赛冠军。双方对决，举世瞩目，万众期待。

开场仅8分钟，里瓦妙传，波宁塞格纳凌空劲射，一击中的，意大利人率先破门。此时，在球迷心里，西德队已经陷入绝境。破意大利的球门难，破先进了球的意大利球门比登天还难。比赛进入意大利人最喜欢的模式，西德队的进攻如狂风暴雨，意大利的混凝土城墙坚如磐石。比赛进行到67分钟，西德队再遭厄运。贝肯鲍尔在禁区内被放倒，裁判判罚了任意球，西德人向裁判申诉，却又发现小贝的右肩脱臼了。此时，西德队已经用完了换人名额。小贝下场治疗，球迷都觉得西德队恐怕只能10人应战了，令人吃惊的是，用一条绷带将右臂吊在胸前的小贝，又顽强地投入比赛之中。小贝的行动把队友和球迷感染了，比赛进入白热化，比分却始终没有变化，球迷期盼奇迹诞生又感觉奇迹可能不会降临。比赛进行到伤停补时阶段，许多球迷盯着裁判的哨子，裁判没有吹响终场哨子，而比分却被改写了。西德的格雷鲍斯基左路传中，后卫施内林格迅速插上，于点球点附近将皮球顶进意大利队的球门。1 比 1，西德人的努力在最后时刻得到了回报。

更加紧张的加时赛开始了。上半时，穆勒和布尔格里什的进球让比分变成了 2 比 2，里瓦在上半时结束前的抢射，让意大利队再次领先。下半时，穆勒劲射得手，比分变成 3 比 3。第 111 分钟，里维拉的进球成为致命一击，意大利队以 4 比 3 艰难地战胜了西德队。比赛结束，双方队员都筋疲力竭，但他们坚持着走到一起，一齐瘫倒在地。

此时，现场球迷已经忘记谁击败了谁，他们深深地被双方球员精彩的球技和顽强的精神所感动，胜负的价值因此变得微不足道。面对不可知的命运，面对突如其来的打击，面对意想不到的困难，他们没有抱怨，没有退缩，没有低头，他们团结一致，共同与命运抗争，他们的表现惊天地、泣鬼神。他们把一场足球比赛演绎成了一场精彩歌剧、一部经典大片，以强大的精神力量相互征服了对手，共同征服了球迷。

真正的胜利是能够打动人心，这个不能单靠比分定论。

FOOTBALL

019

失败之美

俄罗斯世界杯，法国队赢得了金杯，克罗地亚队赢得了赞美。克罗地亚队败给了法国队，但他们踢出了美的足球，成就了失败之美。这种美，既有足球艺术之美，也有团队精神之美。所以，有人说，法国赢得了世界杯，克罗地亚赢得了世界，这是一场没有失败者的世界杯决赛。

不以成败论英雄，这是司马迁的历史观与人生观。谁都想赢得胜利，失败则不可避免。有些失败是耻辱的，有些失败则富有美感。不是所有的失败都美，艰苦卓绝地追求胜利而未果，这样的失败才能产生震撼人心的力量。由此产生一种崇高的美，一种凄凉的美，一种悲壮的美！如项羽乌江一刎，千古咏颂，永世不忘。

想想看，为什么取得杰出成就的作家大都是悲剧作家？人们为什么喜欢悲剧？失败、痛苦，甚至悲惨命运难道可以转化为快乐吗？思考与研究这些问题，对于有胜利必有失败相伴、有喜悦必有痛苦随行的足球比赛来说，是必要的、有意义的。

悲剧理论认为，所谓悲剧性就是指人们对死亡、苦难和压力的抗争本性。悲剧主人翁具有强烈的自我保存和维护独立人格的欲望，面对困难、困境显示出强烈的不可遏制的抗争动机，并能按自己的意志去付诸行动。即使命运使他陷入苦难、苦海或毁灭的境况之中，他也决不退让、退缩，而是坚决反击、反抗，“虽九死而犹未悔”。斯马特在《悲剧》中说：“如果苦难落到一个生性懦弱的人头上，他逆来顺受地接受了苦难，那就不是真正的悲剧。只有当他表现出坚毅和斗争的时候，才有真正的悲剧，哪怕表现出的仅仅是片刻的活力、激情和灵感，使他能超越平时的自己。悲剧全在于对灾难的反抗。陷入命运罗网中的悲剧人物奋力挣扎，拼命地想冲破越来越紧的罗网的包围而逃奔，即使他的努力不能成功，但在心中总有一种反抗。”

悲剧引起人们共鸣与快感的，不是死亡、失败与灾难，而是反抗。没有对灾难的反抗，就没有悲剧。足球比赛具备了悲剧性的基本要件。双方对胜利的追求，互为对方制造了压迫、威胁与困难，一方的胜利则必为另一方的灾难。一方先进球，则是另一方的挫折与失利；一方控制了场上局面，占据了主动，对另一方就是磨难与困境。如果被动一方在实力落后或比分落后，甚至在败局已定的情况下，仍然始终保持永不放弃的求胜欲望、展现了旺盛的生命力，以及发挥出了自我与团队的最大潜能，也就是说显示出了超常的抗争意识和坚毅的行动意志，使比赛过程变得让人既紧张、焦虑、恐惧，又满怀期望、期待，往往会伴随着洋溢的生命与紧张的活动而起的莫名其妙的快感。被动的一方虽然最终并没有挣脱失败的命运，却与对手一道创造了一幕伟大的悲剧。身体的力量失败了，精神的力量却获得了胜利。

职业足球比赛，双方致力于创造的是一种精神产品，胜负只是一个自然的结局，只是这种精神产品的外在表现或一个构成要素。从这个意义上说，弱势的一方表现出了超强的抗争精神，呈现出无所畏惧的英雄气概，虽输掉了比赛，却创作出了崇高与悲壮的美感，创造了足球艺术的经典。这是比赛双方的胜利，是整个比赛的成功。每一个人心中都有一颗神性的火种，它拒绝我们失败，点燃我们冒险的激情。而抗争的勇气、冒险的精神、坚强的意志，就是一种崇高的英雄气概，它能唤起人们的惊奇感和赞美心，引发人们对不幸结局的怜悯与同情，勾出人们被不祥命运束缚的悲凉情调。如晚霞一般十分壮丽又有几分伤感。

胜利者也可创造崇高感，但那不是悲剧的崇高感。使悲剧的崇高感区别于其他形式的崇高感的独特性是什么呢？那就是怜悯的情感。无论多么可怕的悲剧，其中总隐含着一种柔情，总有一点使人心动的东西，让人对结局的灾难感到惋惜，并同时产生一种令人鼓舞、让人振奋的力量。悲剧总有一种英雄的壮丽色彩。

足球比赛中饱含着爱与恨的奇妙情感，以及悲与欢不寻常的混合。一场足球比赛就是一幕戏剧，演绎的是人生结构中生活的多种可能性，却不是现实的生活。痛感和快感都不是恒定的，它们都随着我们的兴趣和态度不断改变。如果我们追求美感足球，我们的比赛就是没有失败者的，它成就所有的参与者。而功利足球只有获利者，没有胜利者。它成就不了任何人，有比赛就有胜负。足球比赛当然不能少了失败。失败与失败是不同的。有些失败是丑陋的，是让人诟病的；有些失败是具有美感的，是让人铭记的。正如震撼人心的艺术杰作基本都是悲剧一样，能给人留下深刻记忆与美好回忆的比赛，大都具有悲剧性。

荷兰足球带来了世界足球的风格之殇。性感华丽、浪漫奔放而又一次次与梦想擦肩而过。而世界上有许多个世界冠军，却只有一个“无冕之王”，那就是荷兰。荷兰足球的“郁金香”之花，华丽又悲伤。荷兰足球的悲剧之美，一如项羽的“乌江之刎”，让后人咏叹、吟唱。足球的礼赞，并不仅是英雄与胜者的奖杯与鲜花，失利者创造的激情、信仰的执着、悲伤的泪水更能够让人持久回味。荷兰足球之美正是在于它给球迷留下一个个充满遗憾的美好时段。当年华似水流过，光荣尘封于历史，人们的记忆之门开启之后，率先走出来的总是荷兰足球那些令人刻骨铭心的历历往事：范巴斯滕、里杰卡尔德和古力特三剑客时代的全攻全守，博格坎普、克鲁伊维特以及德波尔兄弟等黄金一代的攻势足球，范巴斯滕带领的那支横扫意法的疯狂荷兰。克鲁伊夫在接受欧足联官方网站采访时谈到荷兰足球时说：“荷兰队在20世纪70年代改变了那种意大利式防守风格的传统。球迷们应该能够从中获得快乐，享受一段梦幻般的时光。我代表了那个时代，它证明有吸引力的足球是有趣和成功的。令我更高兴的是，范巴斯滕、里杰卡尔德这样的教练会把攻势足球坚持下去！”

FOOTBALL

020

踢球的四种境界

一杯茶，佛家看到的是禅，道家看到的是气，儒家看到的是礼，商家看到的则是利。一部《红楼梦》，道尽人间百态，鲁迅先生说："经学家看见《易》，道学家看见淫，才子看见缠绵，革命家看见排满，流言家看见宫闱秘事。"

一个实用性的物件，有人能从中看到美，也有人能从中感受到神性。一件观赏性的艺术品，有人却只能看到其用，也有人只能感受其无用。同样是踢球，不同的人踢出来的是不同的足球。同样是看球，不同的人看到的也是不同的足球。

这么多个不同，皆源于人心。人心是一面镜子。不过有的是哈哈镜，有的是放大镜，有的是显微镜，有的是平面镜。不同的镜子，会把同一个事物照出不同的模样。茶说，我就是一杯水，给您的只是您的想象，您想到什么，我就是什么。

一个球员或一个看客，用什么心去踢球或用什么心去看球，他们创造的足球或看到的足球，自然差异甚多。大体上说，对待足球有四种境界：自然境界、功利境界、道德境界、艺术境界。

一个人踢球，只是顺着他的喜好或只是随着伙伴儿一起玩。并没有想到踢球于自己的意义，就像小孩子自娱自乐，或是看到别人的玩具，自己也想要一个来玩。没有什么计划、目标，不曾想到意义与价值。那么，他的足球境界就是自然境界。

一个人踢球，有着强烈的功利目的，如赚钱、成就、成名等。他可能很刻苦、很勤奋、很自觉，但其动机是获取自己的利益。他的付出对他来说，有着明确的功利意义。那么，他的足球境界，就是功利境界。

一个人踢球，意识到了自己的责任，认识到自己是组织的一员，是祖国的一分子，他要为集体的利益、祖国的荣誉而尽自己的责任。他懂得自己只有融入集体才能彰显其存在的价值，清楚成就他人、奉献集体才能最终成就自我，他在踢球时的行为表现都符合集体的利益。那么，他的足球境界就是道德境界。

一个人踢球，觉解到足球于游戏、功利、集体、国家之外还有更高的价值，认识到足球比赛是双方共同的创造性的文化活动，有着超越个人、集体、国家之上的艺术价值。他为了创造更富美感的足球而练球而比赛而付出各种努力。那么，他的足球境界就是艺术境界。

这四种足球境界之中，自然境界、功利境界是当下大多数踢球人的境界；道德境界、艺术境界，是少数踢球人的境界。第一种境界是自然的产物，第二种境界是社会的产物，第三种境界是社会与文化共同作用的产物，第四种境界是精神的创造，是心灵的觉解。

处于第一种足球境界的人，可能会逐渐进入第二、三、四种境界，也可能无意识地进入疑似第四种境界的化境。就像电影《阿甘正传》中的阿甘那样，把自己仅有的智慧、信念、勇气集中在一点，什么都不顾、什么也不管，只知道凭着直觉在路上不停地跑，跑过了儿时同学的歧视、跑过了大学的足球场、跑过了炮火纷飞的越战泥潭、跑过了乒乓外交的赛场、跑遍了全美国，最终跑出一片属于自己的天空。这样的人没有个人利益、集体荣誉、国家责任等的羁绊，不去计较一时一事的得失，只把精力用在踢球上，反倒能够专注，走得也更远。

处于第二种与第三种足球境界的人，都有一种利害之心，是一种实用主义的足球态度。用实用的态度踢球，心中的计较就多。反映到比赛上来，就会出现许多问题。一是患得患失，平时训练的东西就不容易发挥出来。有些球员被教练称为训练型球员，他们在训练中有很好的表现，到了比赛中就大打折扣，越是重大比赛越掉链子，问题主要出在他们把得失看得过重。二是易急易怒，稍有不顺，就会急躁甚至暴怒，犯下致命错误。个人修养越差，这种错误越多。整个足球圈子的水平越低，这种现象越普遍。三是制造垃圾比赛。对对手用各种损招，领先时拖延时间，败局已定时应付比赛，诸如此类的情景会充满整个比赛过程。四是使用卑劣的手段，假球、赌球、黑哨等层出不穷。如果整个团队以实用的态度去比赛，则会制造暴力的比赛产品，可能有刺激、有血腥，有胜利，但就是不会有精彩。

处于第四种足球境界的人，有了一种超脱的潇洒，充满了创造的激情，在踢球时则可能进入“纵一苇之所如，凌万顷之茫然。浩浩乎如冯虚御风，而不知其所止；飘飘乎如遗世独立，羽化而登仙”这样一种“无所为而无所不为”的状态，更可能有超水平的发挥。那么，这种境界是不是高不可攀呢？冯友兰先生认为：“并不需要做不同于平常的事。他不可能表演奇迹，也不需要表演奇迹。他做的都只是平常人所做的事，但是由于有高度的觉解，他所做的事对于他就有不同的意义。”一个从事足球的人，能否进入艺术足球的境界，关键在于他对人生及足球的觉解程度。

梅西曾说过：“我不在乎破自己的纪录，我只想为巴萨赢得尽可能多的奖杯。纪录？只有在团队能取得荣誉的情况下，我才会感受到个人数据的美妙。”在谈到与队友的关系时，梅西说：“我们都是很好的朋友，都乐于效力于我们的老板。总之，大家都觉得能在巴萨踢球是一件很幸运的事。”

在巴萨球迷论坛里，网友们最喜欢谈论的就是梅西。有人说，梅西有内敛的性格，球品也非常好；有人说，最喜欢梅西的谦逊平和；有人说，喜欢梅西永不止步的上进心；有人说，喜欢梅西对巴萨的感恩之心。

天赋、意志、热情，是梅西取得成功的三大法宝。

谦逊、感恩、团结，是梅西赢得尊重的三个支柱。

FOOTBALL

021

茶道与足球文化

茶，无非是一种树叶制成的饮品，怎么就弄出个茶道来呢？

据史料记载，唐朝时期，喝茶已蔚然成风，有“柴米油盐酱醋茶”的流行语为证。将喝茶从形而下上升为形而上，把物质性的茶叶提升为精神性的茶道，是从唐代陆羽的《茶经》问世开始的。《茶经》共三卷十章，详细论述了茶的生产、加工、冲泡、饮用、器具以及历代饮茶的经验与典故等，赋予了喝茶以文化意义与审美价值。以后，高僧、士大夫与文人雅士的推动，特别是唐、宋、明三朝的传承与出新，将茶文化推向极致，让茶具有了简朴、清高、文雅、敬谨的品质，进入了“清风明月”的境界。茶的同类项由“柴米油盐酱醋茶”转入“琴棋书画诗酒茶”。喝茶不再仅仅是为了解渴，还是一种修行、一种修养、一种品味。

在春天的早晨，一杯水被细芽嫩叶染成青绿色，群叶舒袖舞，清香幽幽来，一杯人沉醉，春魂入心怀。一杯茶，让人与春色神魂合一。在这里，茶幻化为人格寄托，人的精神幻化为茶的清雅自在。将自然之物人格化，从自然之道中体察为人之道，是中国文化的一贯传统。苏轼在《前赤壁赋》中说：“惟江上之清风，与山间之明月，耳得之而为声，目遇之而成色。取之无禁，用之不竭。是造物者之无尽藏也。”

茶道其实就是人道。人道是茶道的魂魄。没有人道贯穿其中，茶不过就是树叶泡水而已。只要是人干的事，如果不从生理层面上升到精神层面，通通成不了好事大事。

由此可以得出一个结论，中国足球的发展只在形而下层面努力是不够的，还得有形而上的提升；只有足球界的努力也是不够的，还得有文人雅士的参与。足球不能离开“市井”，也不能少了“星空”。中国足球需要“塑身”，也需要“赋魂”。

如果说，茶魂是清风明月，足球之魂又是什么？

足球比赛，胜负是谜底，谜面随着比赛的进程渐次呈现，其中又有无数“包袱”，此刻这一方“春风得意马蹄疾”，彼时另一方又“飞流直下三千尺”，时而柳暗花明，时而乌云压城，起伏转折，变化无常，令置身其中的人兴奋片刻又焦虑一时，有人舞蹈，有人沉默，哭哭笑笑，如痴如醉，男女老幼，均难以自拔也。一场比赛结束，赢球的一方激动兴奋，欢悦只是片刻，片刻之后又要为下一场比赛做艰苦的准备；输球的一方伤心沮丧，然后顾不得难过，只能全身心地为下一场比赛做更多的付出。足球比赛，集合了人生百态，道尽了人生悲欢，再现了人类不向无常命运屈服的集体抗争精神，诠释了人生的艰辛与奋斗的意义、团结的价值。

美国作家罗伯特·波西格在《禅与摩托车维修艺术》一书中说:“爬山时，当你不再预想时，每一步都不只是一个目标的手段，它本身就是一个独特的事件。只是为了某个未来的目标而活着是肤浅的。支撑生命的是山的侧面，而非顶峰。”踢球时，当你不再预想时，每一个技术动作的精益，每一次积极的跑动，每一次相互激励，都不只是达到目标的手段，它们本身都是一个独特的事件。只为了胜利或冠军而踢球是肤浅的。足球运动的生命是人之精神交响的神韵，胜利或冠军只是这曲交响的一个高音。

专注、精益、合作、勇敢、抗争等正是足球的品格。一场足球比赛，就是一首人类命运交响曲，也是一曲人生命运的悲欢二重奏。足球比赛，有胜必有负，看似残酷，若是回味起来，正是“东边日出西边雨，道是无晴却有晴”。悲壮地输是一种情，痛快地赢亦是一种情。情之种种都在诉说着人的品格。茶魂是“清风明月”，足球之魂就是“高山劲松”。“山，刺破青天锷未残。天欲坠，赖以拄其间。”“泰山顶上一棵松”“任尔东西南北风”，风吹不倒，雪压不垮!

品茶是修行，参与足球也是一种修行。品茶是个体的修行，足球是集体的修行。品茶是静修，参与足球是动功。茶与足球，一静一动，一张一弛，一清风明月，一高山劲松，方可构成人间正道。

FOOTBALL

022

“4C精神”与“点赞”文化

企业的成长依靠员工的价值创造，球队的战斗力来自球员基于能力与态度的贡献度，贡献度取决于团队文化。

每个人都有向善向上的可能性，每个人都有提升自我的内在要求，但是，可能性不是必然性，内在要求不是现实行动。怎样化可能性为必然性？如何把内在要求变成自觉行动，使得球员能够持续提升能力并保持好的态度？

相当长一段时间，中国足球相信“有钱能使鬼推磨”。没错，有钱可以让“鬼”推磨，但再多的钱也请不来“神”干活。而“鬼”是靠不住的。

金钱很重要，但调动人的积极性、主动性与创造性不是单靠物质刺激能够做到的。近七八年来，中国职业球员的收入增长了十多倍，而他们的职业技能与职业操守并没有因此而提高，中国足球运动水平更是“涛声依旧”。那么多的金钱并没有换来一张通往世界杯的“船票”，这个案例足够典型，这个教训足够深刻。

研究表明，员工是否敬业，大家有没有主动性、积极性与创造性，最核心的不是金钱，而是企业文化。那些具有明确的价值观，并且把这种价值观具体化、可视化、操作化的企业，员工的敬业精神普遍处于高位运行。也就是说，对员工的最大激励因素是认可“我”的价值。这是员工最深的期待。

人们对待文化的态度大多是说起来重要，做起来不要。为什么会如此？主要是找不到文化落地的方法，见不到文化建设的成效。有没有办法？有。就是让球员知道做什么、怎么做，做了之后就能得到认可。具体的办法有很多，这里举一例“4C”文化加以说明。

“4C”就是沟通、承诺、创新与修养。可以具体化为：

沟通：认真聆听、善于沟通、彼此尊重、相互帮助。

承诺：忠于职守、信守诺言、不找借口、服从大局。

创新：持续学习、思维开放、精益求精、不断创新。

修养：良好习惯、心怀感恩、自我批判、富有爱心。

当球员的行为符合上述要求时，团队就给他“点赞”。“点赞”可分为精神性的与物质性的。物质性的可以实行积分制。组织要履行好“点赞”的职责，团队成员要养成“点赞”的习惯，使“点赞”成为一种常态。

“点赞”并不是新发明。许多单位每到年终都要搞总结评比表彰，也是一种“点赞”活动。但是，这种“点赞”方式，周期太长，时效性差，并且不太容易点准，不太能够点得让人服气，副作用比较多，效果大多不佳。

更好的方式是即时性的“微点赞”。行为一旦发生，“点赞”随之出现。“微点赞”可采用“线上”与“线下”两种方式，组织点赞与成员互赞共同进行，实现即时引导、即时激励、即时扩散。这就是从点滴做起、从当下做起、从自身做起。如此一来，优秀的团队文化就自然而然地生长起来。

FOOTBALL

023

物理、足球与悟理

有时候，会听到不喜欢足球的朋友说，足球有什么好看的？二十多个人抢一个球，还半天进不了一个球，太没意思了！足球有什么好看的呢？我是这么看的。

足球运动中有科学的道理。牛顿与爱因斯坦两位牛人，奠定了经典物理学的基础。足球比赛的阵形、传切配合、任意球等，都在运用并诠释着经典物理学的基本原理，演绎着力学与几何的确定性。无论是什么级别的“神仙球”，都逃脱不了力学原理。无论是多奇妙的配合，都脱离不了几何与力学原理。没有这种确定性，训练与比赛等所有的努力将通通失去方向与价值。在足球比赛里，不仅有经典物理学，还有量子物理学。在微观的量子世界里，“薛定锷的猫”可能是活的，可能是死的，也可能既是活的又是死的。是活是死，还是亦死亦活，取决于观察者的观察。这就是量子叠加态。在这里，客观事物不再是“不以人们的意志而转移”的，而是与人们的主观能动性紧密关联的。“猫”是死是活是不确定的。比赛谁输谁赢，也不是单纯由硬实力决定的，而是随着参与者主观能动性的变化而变化的。由此，足球运动才不是简单的机械运动，而是生命体的智慧运行。确定性与不确定性并存，机械运行与智慧活动并生，才赋予了足球运动独特的魅力。

足球运动中有市场经济规律。足球比赛与篮球比赛相比，进一个球真是太难了。可正是因为进球难、进球少，才成就了足球的妙与足球的好。稀缺性是市场经济的前提。如果所有的东西都如空气一样取之不尽用之不竭，哪里还有什么市场经济呢？“千年等一回”，一旦得到了，才能享受尖峰体验。很少吃到肉的时候，肉就是香的；顿顿吃肉的时候，肉就是腻的。再好的东西，只要可以流水作业，自动化生产，人们的消费体验很快就会降低，并因此变成不值钱的东西，直至成为一种负担。

不创新，企业是死路一条。创新又充满风险，极有可能见不到成果就死掉了。这就需要毅力、意志与运气。足球比赛，不进球，赢不了球。进球离不开艰苦努力、创新与创造，但又不是所有的付出都能及时得到回报，运气不在，怎么弄也搞不定对方的球门。但是，那些从不放弃努力，持续创新创造的球队还是有更多的可能笑到最后。

在足球运动中，防守就是消费侧改革，常规性的产品，大家都是拒绝“进口”的，只是采取的策略不同，执行的效率不同；

进攻就是供给侧改革，不断创造新技术，生产新产品，来撬开市场的大门。

足球运动中有处理各种关系的学问。足球比赛双方的关系如同国与国、企业与企业等之间的关系。比赛双方要制约与反制约。如果一方拿球，另一方不去限制，怎么激发人的创造性？这游戏不是半点意思也没有了吗？如果这种限制没有规则约束，没有道德底线，这游戏就会变成相互残害，也就没有办法玩下去了。所以说，有益的竞争与斗争，不是不择手段地吃掉对手、弄死对手，而是千方百计地超越对手。人类的各种关系都不是你死我活，零和博弈。有对手，你可能觉得活得累；没有了对手，你一定会活得烂。

超越对手，总会心生愉悦，可是你稍不留神，就会被对手扳平，甚至被超越。这个时候，心态如何调整，应对出何举措，基本上决定了一场比赛的结果。有专心比赛，努力做好自己的；有心态失衡，往对手或裁判身上发泄的；也有心急火燎，乱了方寸的。前一种，往往能扭转乾坤；后两种，一般是自毁长城。这就是现实生活的足球式演绎。看看足球，想想现实，许多东西可以释然，许多东西又值得警醒。

踢球与看球，都需要物理与悟理。悟理可得道，物理中自有法，再好好研究术，就可以在足球里得大自在。看懂了足球世界里的道法术，就可以有人生的大自在。

FOOTBALL

024

五官都应不同寻常

五官能够正常工作，并统筹协调支配身体开展行动，是一个健全人的基本条件。要把足球这种游戏玩得上档次，就得让五官共同上水平。光用身体那是莽汉的玩法，只用脑子那叫智力推演，脑子、眼睛、嘴巴、耳朵、鼻子齐心协力，才可能让足球开开心心耍各种进门的把戏。

用脑子踢球，这是大家的共识，其重要性就不必多言了。但是，脑子靠什么来指挥身体呢？除了平时学习积累的知识、经验、思维方法等以外，还需要现场的即时信息。脑袋自己是无法收集信息的，这就离不开眼睛、嘴巴、耳朵与鼻子的各显神通了。要成为高水平的球员，不仅球技要与众不同，五官都得既有“理想胸怀”又有独门绝技。

眼睛不只要能观六路，还要能见常人所不能见。足球比赛，双方局势的转换往往就在低头抬头之间，早一瞬可能就是进球的机会，晚一瞬可能就是对方抢截反击的机会。眼睛快，球才能跑得快。眼睛不只要快，还要毒，能掉到别人看不到的传球线路，能发现别人发现不了的机会。眼睛毒，传球才刁，跑位才巧。

嘴巴一要严二要巧。嘴巴的作用，一是吃饭，二是说话。吃饭不能任性，要尊重科学讲究规矩。该吃的一定要吃，不该吃的坚决不吃；该吃的时候必须要吃，不该吃的时候坚决不吃。说话的要求就更高了。跟队友怎么沟通，与裁判如何交流，同球迷、媒体如何互动，和对手怎样表达，这些方面处理好了，都可以转化为战斗力。

耳朵一要灵敏二要聪明。所谓灵敏，就是要像控制雷达一样，全方位地捕捉信息。所谓聪明，就是要会过滤信息。有用的信息要及时传递；无用的信息要全当没听见，比如对方球迷的嘲讽与谩骂，以及对手挑衅性的语言，等等。

那么，鼻子有何作用呢？鼻子的首要职责当然是把氧气供应好，然后还要发挥嗅觉的独特作用。好鼻子是能够分辨朋友与对手的。

五官的功能和身体的机能一样，都有无穷的潜力，都需要科学开发与刻苦训练。

FOOTBALL

025

“比学赶帮超”

老虎个体能力超强，号称“百兽之王”，但发展质量与效率都不高，目前已经陷入生存危机。造成这种局面的主要原因是它们喜欢跑单帮，不善于团结合作。而像蚂蚁之类的小动物，虽然个体的力量十分弱小，却生存发展得相当好，因为它们是社会性动物。人类则是社会性动物当中最高级的一种，所以他们成了动物世界的统治者。好的人类群体大多能够念好“五字诀”，即“比学赶帮超”。

“比”是动力，“学”是手段，“赶”是过程，“帮”是纽带，“超”是目的。

不比不知道，一比吓一跳。不比则看不到区别瞧不见差距，因此会失去动力。所以，人类世界时时刻刻都充满比较、比赛、比试、比武。就连那些能够吸引眼球的综艺节目，也都嵌入了形式多样的比试与比赛。尽管有些艺术类综艺节目，高举纯粹的大旗，可还是不敢把“比”纯粹下去。因为，没有“比”，艺人的潜能激发不出来，观众的情绪也调动不起来。

“比”是有方式和技巧的。除了公平之外，还需要适中的压力。压力过大与过小，都会影响效果。

把“比”的问题解决好了，“学”的积极性就会上来。但是，要学好光有积极性还远远不够，还必须掌握学习规律与方法。学习最重要的是学习观察的方法与思维的方式。这是中国足球圈最大的不足。有样学样，一是效率太低，二是难以形成创造力。所以，中国球员会聪明地踢球的时候，大多已经是心有余而力不足了。

“赶”就是在路上，赶上一个目标，还有下一个目标，直到自己成为领跑者，然后还要努力不被别人赶上。所以，“赶”是个过程。

“帮”是最重要的。老虎也比也学，却很少相互帮助。人类有帮助、帮扶、帮忙、帮衬，这一方面大大提高了学习效率，同时又极大地增进了情感、友谊，从而提高了团队力量与合作效率。“帮”的文章做好了，则事半功倍；反之，则事倍功半。中国足球在这方面做的就比较差。中国足球换一任教练就表现好一阵子，过不了多久又低迷下去，主要原因就是团队建设搞不好。

足球运动生动地诠释着社会性动物的生存逻辑，一方面帮人就是帮己，另一方面帮人又实实在在地给自己的位置带来威胁。

“超”有两层含义，一是超越队友，二是超越对手。超越队友才能拿到出场机会，超越对手才能取得胜利。大家都想“超”，任何人达到“超”的目的都是暂时的，这就很好地促进了个人与团队实力的持续提升。

要建设一支卓越的球队，就必须在“比学赶帮超”上做文章。

第二篇

足球经略

FOOTBALL

026

开门三件事

搞武装力量讲究“开门三件事”，古今中外都少不了、离不开。

这第一件事，是如何有兵在手。兵怎么征集选拔出来？用什么样的编制把兵组织起来？怎么样配备军官？这是建设一支战斗力量的第一步。有了兵，还要有后勤保障。设备、粮草如何配置？这是第二件事。第三件事是训练。训练有三个方面，一个方面是作战技术与战术的训练，一个方面是熟悉各项规定纪律，还有一个方面是思想作风建设与意志品质的培养。

这三件事是基础性工作，是用兵的前提。缺了这些东西，就没有办法打仗。如果没有军法，没有组织结构，没有熟练的军事技术，不懂得阵形阵法，兵法就成了无源之水、无根之木，毫无用处。任何兵法的运用都离不开这些实实在在的东西。西方的军事传统，重财力、重兵器、重技术、重制度、重训练，注重在这些最基础的东西上花力气下本钱。

军法在前，兵法在后。用兵是从治兵发展出来的。搞足球与搞军队的道理是相同的。开门三件事，得办扎实。规章制度要齐全，然后得培训。先教而后管，违规必罚，不可姑息。不教而罚，不能治心。心病不除，还是会出问题。像足球运动这样的集体项目，如果心气不顺，心劲上不来，再好的技术战术也换不来胜利。球队也和部队一样，要有编制，要有组织结构。组织不去主动组织，球员也会有自组织。自组织做强做大了，“球霸”就出现了，球队管理的主动权就丧失了。至于吃喝拉撒睡之类的事，皆是大事，不可不放到重要位置。当然，主帅未必样样精通，但必须要有专人负责。

有一些主教练，大家都觉得业务水平蛮高的，可就是带不出成绩，“更衣室”的问题总是解决不好，而且越积越多，最后只能“下课”。这里边有一个误区，就是只把用兵当成了业务，没有把治兵放到业务范畴去考量。会用兵的教练也是人才，当个助教很好，当主教练就不成。有的主教练正好相反，治兵有一套，用兵没艺术。这类教练能够很快地提升球队的硬实力，见效快，一般能红火一段时间，但由于不会用兵，时间长了，大家就疲了，最后也得“下课”。

开门三件事，并不是说“开门”之后，这三件事就不用办了。它们都是贯穿始终的事。

FOOTBALL

027

用兵三件事

开门三件事办好了，接下来就面临着用兵打仗的问题。用兵也有三件事要办好。

第一件事，叫庙算。庙算就是庙堂之算，属于战略决策、战略设计。战略决策是从全局、从整体来考量的。比如：一家俱乐部，新赛季确定什么目标？不同的赛事如何取舍？主力与替补怎样轮换？预备队如何建设？新老球员怎样衔接？怎样引导球迷预期？怎样与媒体沟通？

有的俱乐部成绩很好，社会美誉度却不高；有的球队，成绩与实力基本匹配，球迷却依然不满意；有的俱乐部人才青黄不接，也有的在赛季中出现大面积伤病。此类问题的出现，都是由战略决策的失误造成的。

第二件事，叫胜算。胜算属于战术决策、战术设计。战术决策是针对某一场比赛的算计。比如，是全攻全守、以攻代守还是防守反击？哪些球员首发？哪些球员替补？对手会是什么打法、使用哪些球员？如何扬己所长、抑彼之长？如何出奇制胜？尤其是要以弱胜强，就得琢磨如何不走寻常路。

许多球队，永远是一套阵容打天下，换人总是“老三样”。手里没好牌是一个原因，不会算计是更重要的原因。当然，如果你手里有一把好牌，明着打，别人也打不赢，不去算计也不要紧。如果你的实力和对手差不多，再不会算计就会吃大亏。如果你的实力比对手弱，又不会算计，几乎就没有打赢的可能了。正所谓兵熊熊一个，将熊熊一窝。

第三件事，叫应变。应变就是战术调整。战前要深思熟虑，战中要急中生智。比赛是相互斗智斗勇的过程，形势瞬息万变，这就需要临时应变、及时应对。

赛前要有应变的预案，但赛前谋划得再周密，比赛中还是会有意想不到的情况出现，这个就靠急中生智的功力了。在以弱击强的比赛中，在被对手全面压制的黑暗时刻，一位优秀的主帅，必须有在黑暗之中发现微光的眼力与追随微光前行的果敢。智慧与勇气，一样也不能少。

值得重视的是，现在有了信息技术，可以迅速地进行大数据分析，能够发现别人发现不了的微光。用好这项技术，则能够大大提高主帅在黑暗之中发现微光的能力以及决策的魄力。

FOOTBALL

028

用兵要“胡来”

兵法包括治兵与用兵。治兵要依法办事，再加上思想工作与心理辅导。用兵则截然不同，它是在一定基础上的“胡来”。像电视剧《亮剑》中的李云龙，不按套路出牌，打得敌人死都不知道怎么死的。

治兵重在按规章制度办法，制度不能想改就改，执行不能因人而异，更不能搞阴谋诡计。用兵则是指挥艺术，就是不循常规、不依常法，也就是兵不厌诈。用兵的前提是治兵，治兵是为了用兵，二者不一样，又谁也离不开谁。这就是既尊重规律又讲究艺术。

李小龙的功夫十分了得，下手特别狠，出脚特别快。他的墓碑上刻着一行字：以无限为有限，以无法为有法。直白地说，就是“没有章法就是唯一的章法”。《宋史・岳飞传》里，宗泽夸奖岳飞说:“勇智才艺，古良将不能过。”但宗泽觉得岳飞太爱“野战”，打起仗来没有章法，“非万全策”。于是“因授以阵图”。岳飞却说，阵法当然要有，阵而后战，兵法之常，但关键还是在“运用之妙，存乎一心”。毛泽东是伟大的军事家，他有一句名言:一上战场，兵法就全都忘了。

足球比赛有各种阵形。不同的阵形各有长项与短处。这些东西当然要了然于胸。但真正打起比赛来，却不能死抱着一个阵形来打。在一国联赛中，都存在这样的情况，就是一支强队，几乎见谁灭谁，可能拿下冠军，可就是有那么一两支球队能够克它。看起来十分邪门，其实主要还是阵形打法相克。如同自然界里，再强大的动物，也有能克它的另一种动物存在。再好的阵形，再成熟的打法，你总是一成不变，别人早晚能找到你的弱点，练出克你的招法。

用兵有战略与战术。战略是大计，是管全局的。战术是管具体战役的。战术的要求是:机动、灵活、快速、多变。其中，一是运动，线路是不是刁钻?跑动是不是快速?接应是不是及时合理?二是打击，是不是意外和突然?是不是精准有效?后者主要靠平时训练的功夫，前者则主要靠临场的应变能力。

能够以正治兵、以奇用兵，才是合格的主帅。掌握规律、尊重规律，学习艺术、讲究艺术，是一名主帅必需的修炼。

FOOTBALL

029

敌人是最好的老师

俗话说，不打不相识。这里的“相识”，就是了解、熟悉，也就是学习。战争是相互学习的过程，通过学习对手去战胜对手。也可能由此产生了对对手的尊重，如果彼此敬重，也可能成为朋友。

“吃一堑，长一智”说的也是要善于向实践学习。在谁的身上吃的亏大，就下功夫研究谁，学习他的长处，弄明白他的短处，就长了一智。

实践出真知，敌人是老师。打败你的敌人，就是最好的老师。被打败的敌人也是老师，但这位老师的水平就差了许多。

向敌人学习，能不能学好，关键是自己的态度。态度当中关键的是解决好服与不服的关系。不服，学也只能学个皮毛，学不到精髓；彻底服了，就会丧失信心、学不到筋骨。好的态度是，真心实意地学习敌人的经验做法，坚定不移地相信自己可以超越敌人战胜敌人。

晚清时期，大清遭列强蹂躏后，开始向敌人学习。但是对“老师”的态度并不端正，弄出个“中学为体，西学为用”。学敌人的“雕虫小技”，不学敌人成功的原理方法，结果就是不断地向敌人学却不停地被敌人狂揍。

中国足球也是一个很典型的例子。中国队在“出线”的征途上苦苦挣扎，回回都难过“线”，就开始向别人学习。一会儿学德国，一会儿学巴西，一会儿学英国，一会儿学日韩，世界足坛的高手，几乎学了个遍，自己却没见长进。原因在哪里？照葫芦画瓢，却不知道瓢是怎么生成的。不好好学种葫芦，一心只想着锯瓢，哪里会有瓢成？

绿茵场如战场，没有常胜将军。吃了败仗不要紧，善不善于向对手学习才是要紧的事。向对手学习，不只是学习对手揍你的方法，还要琢磨那些方法是怎么训练出来的。这还不够，还得把其中的原理研究明白。这样持之以恒地坚持下去，慢慢就具备了触类旁通、举一反三的能力，超越对手也就成了水到渠成的事了。

FOOTBALL

030

匹夫不可夺其志

克劳维茨讲:“战争并不是活的力量对死的物质的行动，它总是两股活的力量之间的冲突，因为一方绝对忍受就不能成为战争。”“在军事艺术中，数学上所谓的绝对值根本就没有存在的基础，在这里只有各种可能性、盖然性、幸运和不幸运的活动，它们像织物的经纬线一样交织在战争中，使战争在人类各种活动中最近似赌博。”

打仗与足球比赛，都是两股活的力量之间的冲突对抗。既然是活物之间的较量，志气就尤为重要。佛争一炷香，人活一口气。这口气，不可小视。它常常可以定荣辱甚至是定生死。

志气主要表现在两个方面。

其一，在弱小的时候，不甘心弱小，有由弱变强的志气。梅西是人，C 罗是人，自己也是人。别人能做到的事，自己也有决心做到，才有可能有朝一日迎头赶上。相信人的潜力是无限的，自己的潜力同样无限，才有可能在某一时刻超越对手。正所谓信则有不信则无。信的力量，不仅有现实案例，而且已经被量子物理科学证明。

其二，在以弱迎强的时候，不甘心失败，有以弱胜强的志气。足球比赛，胜负不好预测，其中一个很重要的原因，就是人的主观能动性不好预测。足球比赛虽然与打仗类似，但打仗用的武器是客观物质，武器的差别是死的。而足球比赛的“武器”是人的技术与创造力，其威力是随着人的主观能动性的起伏而波动的。你要是自己觉得赢不了，那么赢的可能性就消失了。因此，在任何情况下都不丧失斗志，就显得尤其重要。

自古以来，实力悬殊，仍有一拼。以虚胜强的案例并不少见。在这众多的案例中，可以发现的秘密其实就是两个字：一个是智，一个是志。

缺了志，就如同鸟儿少了一个翅膀，是飞不起来的。

FOOTBALL

031

和打仗是一样的

足球比赛与打仗在本质上是一样的。

谁都知道，打仗，武器是很关键的。足球比赛的武器是什么？当然是球员的身体与技术。武器好，并不能保证取胜，还得有智谋。有智谋还不够，还得有纪律、作风、精神等。

打仗与足球比赛，以弱胜强的案例都不少。

老子说，柔弱胜刚强。弱真能胜强吗？剔除了偶然性，弱是不能胜强的。那现实中以弱胜强的事情为何时有发生呢？那是因为我们对弱与强产生了误解、误读与误判。多数情况下，我们所说的强，指的大都是硬实力。而决定胜负的是硬实力与软实力相互作用的“熵”。智慧、智谋、智商、情商与纪律、作风、理想、信念、团队精神等就属于软实力的范畴。滴水穿石，水虽然“弱”，却有永不放弃的精神；石头固然硬，却没有发挥自己的主观能动性。

战略家与军事家毛泽东说过，打仗很简单，就是在地上走来走去嘛！这句话用在足球比赛上，更是生动形象准确。足球比赛可不就是球员在场上走来走去、跑来跑去嘛！走来走去做甚？让足球在自己和队友之间运转起来。控制并运转足球做甚？调动对手，实现在关键区域与有限时间内双方实力的转换，以自身的优势攻陷对方球门。

由此可见，足球比赛本质上是智慧的较量，身体与技术则是智慧得以落实的重要基础。

俄罗斯世界杯，俄罗斯与沙特之战，沙特的控球率超过了60%，俄罗斯的控球率不足40%，结果呢？沙特以0比5惨败。为什么？沙特把控球当成了目的，俄罗斯则以禁区附近双方实力的转换为目的。

葡萄牙与西班牙之战，双方的战术基本得当。葡萄牙能与整体实力高于自己的对手打成3比3平，除了葡萄牙坚持防反以外，还得益于C罗超强的个人能力。C罗不仅有智慧，还能够把“智慧”来的机会转化成精彩的进球。

这两个案例都证明了，足球比赛与打仗一样，硬实力是基础，软实力才是根本。不靠智慧，C罗哪里会得到展现硬实力的机会？

中国足球奋斗了四十多年，劲没少费，钱没少花，却总是事倍功半，其中一个重要原因就是对足球运动的本质产生了误判，并因此只重视硬实力，忽视软实力，结果是软硬都不给力。

FOOTBALL

032

一项赛事就是一场战争

一项赛事就是一场战争。参加世界杯是参与一场世界大战，参与亚洲杯就是参加一场局部战争，中超联赛则是一场兄弟之战。像对待一场战争一样对待一项赛事，才可能赢得胜利。

一场世界大战，是综合实力的较量。经济、政治、外交、军事、国民素质、舆论氛围、地理环境、气候变化、情报收集与分析等诸多因素相互作用，共同决定了战争的趋势与胜负。一项赛事也是如此。《经济学人》发表过一篇论文，文章给出了这样的观点：一国足球的胜率，与该国的经济发展水平、总人口与踢球人口的比例、总人口与关注足球人口的比例正相关。

军队打不了胜仗，只在军队身上找原因是不够的。球队拿不下比赛，只在球队身上做文章，也解决不了根本问题。一支军队的战斗力与一支球队的战斗力都是系统集成的，不是单一因素决定的。战争从根本上拼的是综合国力，世界杯从根本上拼的是国民综合素质。

中国改革开放后，曾经出现过这样的段子：大街上碰倒十个人，有七个是总经理，还有三个是经理。这段子有些调侃的味道。但是，如果没有当时的全民搞经济，哪里会有中国今天世界经济大国的地位？毛泽东曾提倡全民皆兵。因为老人家深知，民不强，则军必弱。当初成吉思汗是怎么横扫欧亚大陆的？马上民族个个英勇善战啊！冰岛国土面积只有 10.3 万平方千米，人口约 32 万，怎么就成了世界足球强国？全民皆“球”啊！俄罗斯世界杯，冰岛与阿根廷的比赛，在冰岛国内的收视率高达 99.6%。基本上是男女老幼一个不漏啊！中国要建设足球强国，不做系统性准备是实现不了的。

怎样算是系统性准备呢？

坚持统筹发展。你得让不同年龄、不同性别、不同职业的人都参与进来，保持群众足球、青少年足球、职业足球与国家队的统筹协调发展。万丈高楼平地起。不把基础做实做大做牢，结果就是看着楼起了，看着楼塌了。足球发展的地基是群众足球，底座是青少年足球，楼体是职业足球，楼顶才是国家队。中国足球目前突出的问题是地基太小，底座不牢，楼体花哨不实用，才造成了中国足球大厦屡建屡塌。钱没少花，力没少出，却弄得八方责难、人人喊打。

坚持价值统筹。你如果觉得足球的价值就是捧杯夺冠，那是一定玩不好足球的。能够捧得世界杯的国家就那么几家。足球的价值，不是争光夺冠这一个，还有政治、经济、社会、文化与生活等诸多方面。足球的价值远远超过足球本身，不能够简单地用金牌与金钱来衡量。足球作为世界第一运动，在中国臭了行市，成了被嘲讽的对象，搞得有些社会精英对足球嗤之以鼻，弄得多数家长都不愿意让孩子接触足球，其根本原因是我们对足球的价值判断出现了重大偏差。你拿齐白石的墨宝擦屁股，怎能不“一腚黑”呢！

坚持文化足球。文化足球指的是一种良好的足球生态环境。黄牛壮不壮？还不是为人拉犁！骏马快不快？还不是任由人骑！老虎猛不猛？还不让人逼得无生存之地！耐力比不过牛，爆发力比不上虎，速度比不上马，人为何成为它们的主宰？因为人有文化。人和动物区别开来，关键是人有文化。一群人与另一群人不一样，主要是文化有差别。这个人有品位，那个人缺涵养，差异来自吸收的文化营养不同。中国教育部门虽然广受诟病，但谁也不能否认，没有教育部门的努力，中国不会有今天的成就。教育问题广受关注，就是因为它十分重要。没有中国足球的文化绿洲，则难有足球人才的参天大树。

坚持市场化发展。兵马未动，粮草先行。粮草从哪里来？大众足球要有社会资助，职业足球要走市场化道路。市场化是极端重要的，因为它不仅关系到钱从哪里来，更关系到从业人员的动力足不足。中国现在不差钱，养上几十支球队不叫事。但是，万物一旦被养，必然退化。被人豢养的狗不能看家，变成宠物的猫不会捕鼠，富了三代的子孙开始败家。职业俱乐部要靠老板掏钱养着，还是到市场上打拼淘金，这可不是小事。职业化、市场化的根本是让从业人员技术精益、比赛精彩的动力内化。

坚持科技兴球。科技是第一生产力。科技也是足球发展的第一推动力。随着科学技术的飞速发展，足球比赛正日益演变为科技应用水平的较量。从营养康复到心理调整，从情报收集分析到战略战术设计，从训练方法到实战调整，从足球理念到趋势研断，从赛事组织到商业运作，足球运动的所有环节、方方面面无不需要科学技术的智慧劳动。离开了科技，就意味着远离了先进。中国足球在这方面差距巨大，同时也就意味着潜力无限。

强化政策保障。好的政策制度，能让坏人变好；坏的政策制度，会令好人变坏。好的政策制度出活力，坏的政策制度生阻力。政策制度决定了生态环境的好坏，什么样的生态环境，就会产生什么样的生物形态。政策制度是一个体系，要长远考虑、系统设计，不能头疼医头、脚疼医脚，想起一出是一出。中国足球的问题是，宏观要求多，可操作的政策制度少；就事论事的制度多，管长远利大局的制度少；针对职业足球的管理制度多，引导职业足球健康发展的政策少。中国足球要实现健康持续快速发展，离不开有中国特色的政策制度体系来保障。

强化专业人才体系建设。用专业的人，干专业的事，这个道理人人都懂。问题是足球运动发展，特别是职业足球发展到底需要哪些专业人才，我们并没有梳理清楚。打胜仗光靠指挥员与战士是办不到的。参与一项足球赛事也不是教练优球员棒就能取得好成绩。现代战争，离开强大的各专业协同的专业人才做后台支撑，战士再勇敢也会有所牺牲。现代足球比赛同样如此。

强化舆论引导。干革命，靠“两杆子”。一是枪杆子，二是笔杆子。中国足球沦落到今天这个地步，“枪杆子”不强与“笔杆子”跑偏互为因果，哪个都脱不了干系。手握“笔杆子”，你偏爱激励也好，崇尚批判也罢，总得围绕着促进其健康发展才好。中国足球发展的舆论环境不改善，中国足球则只能在“雾霾”天里开练，想练出一副好身板，怕是比登天还难。

强化理论研究。中国成为文明古国，得益于春秋战国出现了一大批思想家；西方建立了现代文明，得益于启蒙运动、文艺复兴诞生了一大批思想家；中国共产党走出延安，解放了全中国，得益于以毛泽东为代表的中国共产党人重视哲学、党建理论、军事理论与文艺理论等方面的深入研究，形成了指导中国革命的毛泽东思想。中国要成为世界足球强国，没有先进的理论指导是成功不了的。

FOOTBALL

033

一场比赛就是一场战役

打仗，比的是智谋，拼的是实力。

打赢一场战役，要做的功课比学生的作业可是多多了。形势研判、情报分析、人心向背、队伍状态、实力对比、武器准备、后勤保障、天气变化、兵力部署、作战策略、应急方案、战前动员、实时调度、战术调整、火力调度等，谋略与细节，武器与士气，一个都不能少，一点都不能缺，稍有不慎，则满盘皆输。

毛泽东的游击战，不只是一种战法，还是一种理念。打仗不是把敌人消灭了才叫胜利，也不是把敌人打跑了才叫胜利，有效地消耗敌人也是一种胜利。积小胜为大胜。一支真正的强队，得能打歼灭战，也会打游击战。一场比赛，有时候要用歼灭战，有时候要用游击战；有时候要直捣龙门，有时候要消耗对手。

我们知道一场足球比赛像一场战斗一样充满血与火，我们知道赢得一场比赛如打赢一场战争一样需要智慧与牺牲，但是，我们却很少像准备一场战斗那样做出精心细致的准备，内心却觉得已经把能做的都做得很到位了。如果成功了，我们就志得意满；如果失败了，我们也会觉得是实力使然或天意如此。即使检讨自己，也往往会把皮毛当整体。

知己知彼，百战不殆。知己并不仅仅是了解自己，还要把自己调整到最好的状态、最优的姿态；知彼也不仅是了解对手，还要影响对手的状态与姿态。知己不仅是战前了解自己，还要在整个作战过程中不断地重新认识自己，并迅速地调整自己。知彼也不仅是战前熟悉对手，还要在整个作战过程中更透彻地认识对手，并及时采取措施改变对手。

学习书画的，都知道这样一个道理：取法乎上，得乎其中；取法乎中，得乎其下。准备打仗，有野心是必需的。无论是什么样的对手，目标一定是赢。只是不同的对手，要有不同的策略与方法。如果你准备平，基本上就死定了，除非对手和你犯同样的错误。俄罗斯世界杯，日本队小组赛前两场一胜一平，最后一战打平即可出线。日本队抱着打平的心态，结果一球小负。幸亏也是打平即可出线的竞争对手同样一球小负，日本队才以公平竞赛积分的微弱优势侥幸出线。中国队多次在打平即可出线的情况下折戟沉沙，就是因为保守保平的心理作怪。

比赛的形势，瞬息万变，所以要随时应变。一旦交手，顺境时你得格外小心，逆境时你得坚定信心，胶着时你得增强信心。被动挨打时，往往需要的是加强进攻；进攻如火如荼时，又往往需要注意加强防守。何时应做何应对，都需要事先谋划，然后是见机行事。

谋在先，勇相随，此所谓谋定而后动，此所谓有勇有谋。有勇无谋，为匹夫之勇，如吕布、项羽，即使自己勇冠三军，终究也是全军覆没。勇先谋后，此所谓“马后炮”，此所谓“事后诸葛亮”也。两强相遇勇者胜，得有谋略做保障。

谋，不是自谋，而是“众筹”。呈己之勇，害己；呈己之谋，害军。“众筹”不止于战前，须贯穿始终。现代战争，需要实时信息、实时分析、实时应对，干这些事的是一个团队。干事要久久为功，谋事更不能只限于临阵磨枪。

作战是需要随机应变的。但这个“随机”要有“厚积”。经典的随机应变，都是厚积薄发；所有的急中生智，都是源于肚子里“存货”丰富。

FOOTBALL

034

未战先算，算法致胜

知己知彼，百战不殆。如何实现？关键在算法。打胜仗的基本原则是，出其不意，攻其不备。如何做到？关键还是算法。未战先算，多算多胜。

掌握算法有两个要点，一是算什么，二是怎么算。

先说算什么。这个《孙子兵法》有答案，就是道、天、地、将、法。

“道”有大道、中道、小道。大道是球队的价值观、品牌形象之类的东西；中道是球队制度规则之类的东西；小道是球队当下的士气、氛围、心理状态，以及球迷心态与舆论氛围等。总之，这里的道指的是团队文化方面的软实力，属于无形的战斗力。

“天”就是天气。如春夏秋冬的季节变化，阴晴、凉热、干湿、风向与强弱等方面的气候变化，白天与夜晚之类的时间变化，等等。

“地”就是地点。如比赛地点的远近与交通状况，场地的软硬、大小、方向，草皮的品种、长短、新旧，主场、客场或第三方，等等。

“将”就是将士。如教练的年龄、性格、习惯与用人特点与战术偏好，球队的战术特点与惯常的策略，球员的性格、能力、心理，教练、球员、俱乐部之间的关系，等等。

“法”就是方法。如管理理念、管理制度与管理方法等。如奖惩制度、战术纪律等，是倡导自由还是强调纪律，球员位置固定还是经常互换，等等。

怎么收集这些信息呢?

这得有机构与人。我们知道打仗有一条看不见的战线，就是情报战线。这条战线的任务主要有三项，一是收集对方情报，二是防护本方情报，三是让对方获取假情报。这条看不见的战线工作成效如何，对战争的胜负起着至关重要的作用。如果单就某一场战斗来说，它起的作用就是决定性的。像诺曼底登陆之类的案例比比皆是。侦察是任何一次战斗之前必做的功课。

一家职业俱乐部或者一支球队，必须有情报机构与专业人员。至于如何收集情报，方法太多，这里就不具体讨论了。

下面说说怎么个算法。

算法主要有两种，一种是“中医”的路数，一种是“西医”的套路。

“中医”的路数，就是根据得到的各种信息，依据过往积累的经验与总结的规律，加以研究分析，做出一个定性的判断，并以此制定相应对策。目前，中国足球教练大都用的是这种方法。

“西医”的套路，主要是用数据说话。通过大量的数据，找到行为与结果之间的相关性，通过调整行为来实现预定的目标。

随着“大云物智移”等技术的发展，“中西医融合”已经成为大势所趋。“中医”定性分析的“理”，大多可以进行数字化处理，变成“西医”的定量分析，过去的经验判断也就变成了科学结论。

近十年来新兴的巨无霸企业无一不是靠“中西医融合”的“算法”取胜的。未来，足球领域也必然如此。问题在于如何把看不见的“道”与摸不着的心理等因素转化为有效的数据。这当然需要一支跨专业合作的情报人才队伍。

法国队主教练德尚在战胜比利时，杀入俄罗斯世界杯决赛后说，我要感谢我 20 多人的团队。这个团队里多数人是“参谋部”与“情报部”的。单纯依靠主教练做经验判断的时代即将终结。一位不会依靠现代“算法”团队的主教练是没有前途的，一家没有建立起一支优秀的现代“算法”团队的俱乐部是没有未来的，一个不懂得建设数字化足球的国家是登不上未来的世界杯舞台的。

人算不如天算。什么是天算？那就是“大数据”与“云计算”啊！

FOOTBALL

035

实力在前，“玄学”在后

足球比赛，赢在实力还是胜在“玄学”？这不是玩笑，而是一个需要认真对待的问题。

实力无疑是第一位的。但是，实力不是静止的不变的绝对的，而是因时间与空间的变化而变化的，也是随双方心理的波动而起伏的。

在军事斗争中，以弱胜强的案例非常多，一个是因为军事战争的时间与空间范围大，可机动的余地多，可以通过时间与空间的变化来改变双方实力的关系；另一个就是士气、心理与作风等软实力因素的影响。在战斗中呈现出来的有效实力，是牌面上的实力与时间、空间、思想作风等因素相互作用的结果。

足球比赛比其他体育竞技项目的悬念更大更多，也就是人们常说的变数多，主要是因为它的空间大、时间长、人数多，能够通过人的主观能动性改变双方即时实力强弱关系的因素多。强弱关系改变了，胜负关系也就改变了。那些看不见摸不着却能够决定胜负的“主观能动性”就是谋略策略，孙子称之为“诡道”，坊间称之为“玄学”。

孙子提出用兵的“十二诡道”：有能力，装作没能力；有用，装作无用；袭近，装作攻远；攻远，装作打近。设利诱惑对手，让其失去有利位置；趁对手混乱，或制造混乱，而攻击对手；面对强于自己的对手，要加强防备；攻击，要避实就虚，声东击西；敌将性情暴躁，要故意骚扰激怒他；对手轻视自己时，要让他更加骄傲；对手休息充分，要设法让他疲劳；对手团结一致，要设法让他们思想不统一或者相互不信任。

这些战争策略没有固定模式，要依据“算法”综合施策、灵活运用。

俄罗斯世界杯，法国队与比利时队争夺决赛权。两队实力相当，都擅长防反，都有速度优势。法国队主教练德尚就用了“能而示之不能”的策略，主动退避三舍，让出控球权，诱使比利时队压上进攻，在后场留下了大片开阔地。如此一来，比利时队的速度就失去了发挥的空间，而法国队的速度优势则体现得淋漓尽致。比利时队获得了场面上的优势，法国队却给比利时队的球门制造了实实在在的威胁。比利时队掌握了六成以上的控球权，法国队收获了比对手更多的射门次数，并在下半场开赛不久就收获了一粒进球。法国队在一球领先之后，更加注重比赛节奏的控制，更加注重密集防守，让比利时队球员越来越急躁，失去了应有的技战术水平。

这场比赛，法国队一球小胜，看似偶然，但偶然的背后是法国队比比利时队赛前“算计”得更多更细更高。

足球比赛，是双方球员实力的比拼，更是双方教练团队谋略的较量。输了谋略，实力对比关系就转化了。没有诸葛亮，“刘关张”的实力就“关张”了。打仗也好，球赛也好，都是实力在前，“玄学”在后。

FOOTBALL

036

用好强弱刚柔之变

《军谶》曰：“能柔能刚，其国弥光；能弱能强，其国弥彰。纯柔纯弱，其国必削；纯刚纯强，其国必亡。”强有强之用，弱有弱之妙，刚有刚之短，柔有柔之长。谁能胜谁，不可一概而论，重在因势因时因事而用。

中超赛场，处于中上游水平的球队，常常会出现这样的战况：与排名靠前的球队交手，战绩不差，甚至超出预料；与排名靠后的球队交锋，反而经常意外失手。其原因就是没有用好强弱刚柔之变。对强队时，能有以弱胜强的正确应对。而对弱队时，则一味逞强，一时拿不下对手，则心生焦躁，让对手抓住机会。

难道无论碰到什么样的对手都要示弱才对吗？当然不是。这需要具体情况具体分析。如果对手内部团结一致，抢分的欲望十分强烈，则以战术上的示弱为上。诱使对手攻出来，造成后防空虚，备好尖刀随时准备直插心脏。这就叫欲擒故纵。如果对手内部出现矛盾，思想混乱，则宜以强示敌，令对手乱上加乱，丧失信心，从而掌握比赛的主导权。这就是“宜将剩勇追穷寇”。如果对手主动示弱，一心一意打反击，就需要刚柔相济。气势要强，节奏要柔。以节奏的柔克其防守的刚，以气势的强削其反击的利。这就是将计就计。

俄罗斯世界杯，韩国队在与德国队的比赛中打出了以弱胜强的经典案例。是时，韩国两战皆负，已经出局，只为荣誉而战。德国一平一负，出线的命运已不在自己手中，队内情绪低落，思想并不统一。韩国队在比赛中并不示弱，与“德国战车”展开肉搏，有效消耗了对手的意志，并在补时阶段连下两城，将卫冕冠军斩于马下。

逞强与示弱，都不是绝对的。刚中带柔，柔中有刚，刚柔适时转化，才是妙用。

逞强与示弱，比的是智慧，打的是心理。重在出其不意，目的都是让形势向有利于自己的方向转化。

FOOTBALL

037

攻防与虚实之变

有人说，没有防守难有进攻；也有人说，进攻是最好的防守。有人说，把球控制在自己脚下才是最安全的；也有人说，把球攻入对方球门才是最根本的。这些说法，哪个才是对的呢？

两种不同的说法都对又都不对。有时候，要加强进攻；有时候，要引诱对手加强进攻；有时候，要多控球；有时候，要放弃控球。这需要因势因时而变。

足球比赛，表面上是攻防之争，本质上是虚实之变。攻攻防防的背后，是真真假假、虚虚实实。要害是引诱对手、迷惑对手，让形势朝着有利于自己的方向转化。

一味强攻，对方就会增强防守的兵力与注意力，此时，对手的后防就实，自己的后防就虚。而一味退缩防守，就不能很好地利用对方后防的虚，造成被动挨打的局面。到底如何是好？

我倍强于敌时，则主攻；我弱于敌时，则以主力防守，用尖兵偷袭；敌我强弱相当时，宜出其不意，有时疾攻，有时退守。对手显露疲态时，宜攻；对手出现混乱时，宜攻；对手士气正旺时，宜扎紧篱笆，伺机偷袭；对手急于进攻时，就是反击的最佳时机，切不可一味防守，坐失良机。

攻敌，要避实就虚；诱敌，要掩虚藏实。压上时，要气势如虹；退守时，要暗藏杀机。双方的虚实，都在随时改变，你攻击对手虚弱的区域，对手必然有人协助补防，虚的区域就变实了，而实的区域反而变虚了，所以需要随机应变。这就是所谓阅读比赛的能力。阅读比赛，就是分辨虚实。思维敏捷，才能让能力转化为现实战斗力。

攻或防，控球与不控球，关键就是分散对手的兵力与注意力，消耗对手的体力与意志力。弱于对手时，贵在分散对手的兵力与注意力；强于对手时，重在消耗对手的体力与意志力。根本目的就是实现关键区域双方实力的转化，让自己保持优势地位。

好的书法作品，一定是布局虚实结合，结构奇正相倚。“正”就是常规方法，“奇”就是非常规的方法。明人何良臣说：“法云：有正无奇，虽整不烈，无以致胜也；有奇无正，虽锐无恃，难以控御也。故善用兵者，自能使正之整治，使奇之分移。”排兵布阵，既需要虚实结合、实虚转换，也需要奇正结合、正奇互用。虚实不定，变化莫测，才能致人而不致于人。偶尔一反常态、剑走偏锋，往往会收到令人意想不到的结果。越是大家觉得你不可能那么做，一旦你那么做了，多半会有神奇的“疗效”。

FOOTBALL

038

五行相克与战术变化

西方人善于辩证思维、逆向思维，中国人善于圆融思维、系统思维。“五行”相生相克属于中国传统的认识论与方法论。近代以来，由于中国的弱势，这种思维方式屡屡遭受批判，认为不具有科学精神，渐渐被人遗弃。

自然界中，万物的确是相生相克的。用老百姓的话说，就是“卤水点豆腐，一物降一物”。20 世纪 80 年代前，小孩子们常玩一种游戏，棒打虎，虎吃鸡，鸡吃虫，虫咬棒，就是对自然智慧的应用。人类社会呢？其实也是遵循同一逻辑在运行。足球比赛作为一种人类活动，自然也逃脱不掉这一逻辑规律。

五行相生相克，没有哪一种是通吃的；四季交替变化，没有哪一季是不变的。兵法上讲，“兵无常势，水无常形”。再好的战术，什么条件下都用，面对什么样的敌人都使，迟早会失败。足球比赛，再完美的阵形，再熟练的战术，如果一成不变，遇到什么样的球队都是老一套，失败则是不可避免的。世间万事，有一利必有一弊。各种阵形，有优点，必有缺点；不同打法，有长处，必有短板。各种阵形、不同打法之间自有相生相克的逻辑。西班牙的传控打法可以说是炉火纯青、登峰造极，在俄罗斯世界杯上却被俄罗斯的粗犷顽强打回老家，许多人因此断言“传控足球”已死，快速反击才是王道。事实上，西班牙不是死在传控上，而是死在不能因时因势因人而变上。参透并用好变与不变的玄妙，才是真正的王道。

世界杯上，经常发生这样的情况。有的球队看似抽到了死亡之组，结果却死里逃生，让人大呼意外。为何？其中有一个原因是不能不察的，那就是看似实力较弱的球队，它的打法恰恰克那支实力较强的球队。

一支强队，要有自己的骨干球员，要有自己擅长的阵形，要有自己独特的风格，但是，要想取得更好的成绩，要想获得更高的胜率，就必须具有三套阵容、三种战法。

如此一来，则至少可以收获如下益处：不被相克的球队克死；可以打势均力敌的球队一个出其不意；提高临场随机应变的能力。

为何一定要有三套阵容、三种打法？老子说，一生二，二生三，三生万物。从《易》理上说，一为无，二为体，三为用。就是说，有了“三”之后，就有了多样性，才可能有无尽之变化。因此，一支真正强大的队伍，不只是阵容上要有三套、战法上要有三种，而且每个位置上的定位球、界外球也应该有三种以上的战术策略。

这事说起来容易，做起来很难，但又不是比登天还难。一支球队 30 多名球员，每名球员各有特点，从理论上说，组成三套不同阵容，形成三种不同打法是没有任何问题的。即使是同一帮球员，不同的教练执教，可以打出不同的足球样貌，就是最好的证明。这其中的关键还是教练的思想认识与能力水平。只要肯动脑筋，多下功夫，一定是能够办到的。不比常人付出更多，怎么可能比他人更好呢!

一把钥匙开一把锁。足球场上没有万能的阵形与万全的战术。要做到指挥若定，首先要练兵有方。要能够战术多变，就得平时多练，“因敌变化而取胜者，谓之神”。

FOOTBALL

039

两军相对而争利

两支球队交锋，都想取胜。怎样取胜？转化局势，争取有利于自己的条件。这就是“两军相对而争利”。怎么争“利”？

首先是地利。足球比赛与两军对垒有些不同。打仗，地形是死的。而在足球比赛中，有利位置则是变化的，因敌、我、友、球与球门五个方面的时空关系的变化而处于不断的变化之中。防守要卡位、补位，保证不失位。进攻要跑位、抢位，贵在出其不意。所以，防守重在组织，保持良好的阵形；进攻贵在创造，需要策应与传跑的心有灵犀。进攻与防守相比，更需要天赋。天赋不够，训练来凑。多设计套路，把套路演练纯熟，也可以弥补天赋的不足。此所谓“宝剑锋从磨砺出”。用团队的智慧来放大个人的能力，这是团队项目与个人项目不同的地方之一。

在没有球的时空内，应以我、敌与球门之间的关系，来选择自己的站位。守方应占领对球门威胁最大的区域；而攻方则更为灵活，可根据对手和自身的特点选择不同的策略，除非能够轻松“生吃”对手，一般不与对手硬争最佳位置，因为你与对手越近，他心里越踏实；而你离开最有利的进攻位置，他极有可能跟过来，这反而为威胁真正到来时争抢最有利的位置创造了条件。这就是“要反而装作不要”的样子。

对防守球员来说，选位是为了在皮球到来时能够及时卡位；对进攻球员来说，选位是为了在皮球到来时能够迅速抢位。无论攻与防，重要的都是球到人到。做到球到人到，一要注意力高度集中，二要有预判能力。要提高预判能力，就得平时多总结比赛经验，包括自己的和别人的比赛经验，从中寻找一些规律性的东西。

其次是示敌以利。以利示敌有多种策略，这里略举几例。

一是麻痹对手，装作无计可施、无所作为的样子，对手也往往会松懈；你总是剑拔弩张，对手自然会高度戒备。你看郝海东，在比赛的大多数时间里，你看不到他的影子，可他一旦出现，往往会一剑封喉。这就是他狡猾的地方。这就是“无用之用”。

二是诱惑对手，装作对付不了、支撑不住的样子，对手也往往认为有机可乘，因企图进攻而丢掉防守位置。武林高手对决，双方相持不下，一方突然卖一破绽，引诱另一方贸然出招，然后一击而胜。这就是军事上的诱敌深入。

三是蒙蔽对手，装作气急败坏、失去理智的样子，有意离开自己的位置，对手往往会自以为得逞，不自觉地忘记了原有的策略，或者一时不知如何是好。比如，尖刀人物可以在某一时段装作对队友的表现不满而回撤，扰乱对手的心理，打乱对手的防守部署，从而创造有利的进攻机会。这就是所谓的“苦肉计”。

四是要避敌锐气。两强相遇勇者胜，这是常规思维，也就是“正”。两军对垒，也可以避其锐气、挫其锋芒，这是非常规思维，也就是“奇”。足球比赛是 90 分钟、有时是 120 分钟的较量，始终保持旺盛的斗志与充沛的体力是困难的，甚至可以说是根本做不到的，所以，高手在策略上是善于奇正结合的。遇上年轻的对手，先避其锐气，是一个不错的选择。克罗地亚队在俄罗斯世界杯半决赛中遇上了朝气蓬勃的英格兰队，用的就是这种策略。他们在先失一球的情况下，下半场扳平比分，加时赛逆转对手，历史上第一次杀入决赛。

可以力拔千钧固然是一流高手，能够四两拨千斤也是一流高手，既能力拔千钧又能四两拨千斤那就是超一流高手。

五是要善于化不利为有利。足球场上，许多最不利的时刻都是最大的机会。当自己的球门危险最大的时候，就是对手城门最空虚的时候。其中的关键是“转换”。由防转攻，你有没有意识、有没有战术、有没有速度、有没有转化效率。这四个“有没有”基本决定了一支球队的前途。要以弱胜强，就必须具备化“危”为“机”的能力。这个“机”就是众所周知的反击。反击有三种主要形式：一种是中前场断球后的反击，这多是强队惯用的，但弱队可以采用由退守到突然间整体抢逼的策略来实施；一种是由守转攻的防反，这是弱队必备的杀器；还有一种对强队与弱队都十分重要，那就是定位球的防反，尤其是角球的防反。俄罗斯世界杯，定位球成为重要的得分手段。许多强队在定位球进攻上动了不少脑筋，但在防反上却没有多少新东西。实际上这方面有许多文章可做。因为此时攻方的后防中坚都压到了前场，其后防是最薄弱的时候，当然也就是打反击的最佳时机。这就是物极必反的道理。

月圆则月缺，月缺会月圆；有高山峻岭，必有万里平原；波涛汹涌之后，必定是风平浪静。任何事物都会向相反的方向转化，所谓“智者之虑，必杂于利害”，就是看到利与不利两个方面的转化，做到有备无患。谁能够体察、把握、用好这两个方面转化的道理，谁就能够抓住机遇，化险为夷，立于不败之地。

FOOTBALL

040

制约与反制约

足球比赛追求致人而不致于人，也就是人们常说的制约别人而不被别人制约。

制约什么？

最核心的是限制对方的机动能力。机动性不强，可能性就减少，突然性更是无从谈起。那么，攻方就只能选择强攻，而强攻是下下策。所以，防守的要点就是限制对手的机动性，要点的要点是限制对手在关键区域的机动性。我们常说，要有节奏变化，要有战术变化，说的是什么？变化不是目的，增强机动性才是目的。

如何限制？

一是限制持球人的传球路线；二是限制无球人的策应；三是限制重点球员。制约的一方，往往处于被动，所以要有选择地限制，以免顾此失彼。以限制对手最佳的传球线路为要，以限制对方最有威胁的接应人为要。对核心人物的盯防，也不需要在他“上厕所”的时刻都跟着。在实力弱于对手的情况下，限制不是跟着对手满场跑，而是守住“要塞”，让对手在战略要地失去机动性。好的防守一定是要“画重点”的。不画重点，一般是出力不少，效果不好。得中场者得天下，并不是一个正确的理念，除非你的实力可以碾轧对手。“抓两头带中间”才是更聪明的选择。俄罗斯世界杯上，成绩不错的球队，几乎都是这么干的。

有限制就有反限制，如何反限制呢？

第一位的当然是快速出球。快速出球需要有队友的多点跑动。持球人不粘球，队友们不站定等球，是增强机动性的根本。跑不是像赛跑那样大家一齐跑，有人早跑来欺骗对手，有人稍晚起动直奔要害。这个也得事前多练几个套路，比赛的时候才能灵活运用。

第二位的是掩护与接应。破“铁桶阵”是个世界性难题。因为在这个区域敌众我寡、敌强我弱。目前，破密集防守的策略，主要是加强两个边路的扯动，还有就是加强远射。基本上是力图摆脱对手限制的策略。破密集防守，也可以用逆向思维，就是限制对手。攻方球员，不是一味摆脱，而是有摆脱也有限制。或者说，要边调动边狙击。限制什么？限制对手的跑动线路。通过狙击对手，给队友创造进攻机会。对手不是人多吗？对手不是重点盯防吗？那就通过主力球员调动对手，然后限制对手，给对手设置“路障”、制造“追尾”“堵车”的局面，使本方在瞬间取得

“小时空”的优势，获得攻门机会。

第三位的是突破。最有效的突破是传球，但是当你碰上了“猪队友”，球传不出去，怎么办？当然只有个人突破。不过，突破的首要目的是给对手制造混乱，给队友增强机动性。如果突破成了个人表演，那是不会有好效果的。

FOOTBALL

041

五种缺陷与五种策略

人都有自己的性格与品行，不同的性格与品行有不同的优点和短板。有五种性格是值得注意并需要善加利用的。这五种性格是：逞强好勇、患得患失、墨守成规、暴躁易怒、推过揽功。

逞强好勇，就容易蛮干；患得患失，就会丢掉机遇；墨守成规，就很容易被抓住弱点；暴躁易怒，就会自毁长城；推过揽功，就会人心涣散。这五种缺陷，无论是存在于指挥员身上，还是存在于战斗员身上，都是重大隐患，都有可能导致一场战斗的失败，甚至是全局的失败。

足球是勇敢者的游戏，更是智者的游戏，一味斗狠往往是死得惨烈，让人爱恨交加。比赛是多算多胜，更要当断则断，优柔寡断往往坐失良机，令人啼笑皆非。两军对垒要发挥自己的特长，更要灵活多变，老是指望“一招鲜、吃遍天”，往往会被对手尝了鲜。暴躁易怒，则几乎是百害而无一利。推过揽功，就是自绝于团队。

这五种情况是自身要努力克服的，同时又是可以在对手身上做文章的。对手逞强好勇，就多给他点赞；对手患得患失，就多施放“烟幕弹”；对手墨守成规，就狠打他的“七寸”；对手暴躁易怒，就时不时地骚扰他、激怒他；对手推过揽功，则可以隔岸观火、坐收渔利。

当然，这五种小策略用还是不用，何时何地可用，何时何地不可用，也是需要慎重考虑的。毕竟，一支好的球队，要追求胜利，更要热爱正义，重要的还是做最好的自己。

FOOTBALL

042

爱兵如子与慈不掌兵

将帅再好的谋略，那也只是美丽的花朵，如果没有团队成员有效的落实，就结不出甜美的果实。出主意是将帅的重要职责，带队伍也是将帅的重要职责。出主意是一门学问，带队伍则是一门艺术。

兵法上讲，要爱兵如子；兵法上又说，慈不掌兵。这不是矛盾吗？乍看是矛盾，细思则一致。

想想看，一个好爸爸是什么样子？凡事都替孩子着想，一切都是为了孩子好。但他的要求一定是严格的，有许多要求，孩子往往不能理解，直到自己身为人父之后，才恍然大悟。孩子想怎样就怎样，爸爸从来不管，一定不是亲爸。动不动就训斥，从来没有体贴关怀，也不一定是亲爸。感受不到爱的孩子，会冷漠无情；没有家教的孩子，则毫无规矩。两种情况都不太好。

带队伍的道理与带孩子基本上是一样的。

爱兵，不只是关心与体贴，还要有尊重。关心与体贴是让士兵感受到温暖，尊重则是培养士兵的责任感与创造力。

爱兵不是放任、更不是溺爱，而是严管厚爱。厚爱体现在着眼于其成长进步，严管就是按规矩办事。没有规矩不成方圆。没有成长，那个方圆则永远是那么一丁点。

教练的战术是相对宏观的，而赛场上的形势是瞬息万变的，这就需要发挥球员的主观能动性。执行力与创造力如同一枚硬币的两面，是一个统一体。没有执行力的创造，可能利局部而损整体；没有创造力的执行，极有可能让整体成为空中楼阁。所以，一个好的团队，必须有团结紧张、生动活泼的局面，让人既可自由呼吸，又不能随意排放浊气。

要实现执行力与创造力的统一，就离不开严管与厚爱。严管与厚爱也是一枚硬币的两面，缺一不可。正如《孙子兵法》所云："视卒如婴儿，故可与之赴深溪；视卒如爱子，故可与之俱死。厚而不能使，爱而不能令，乱而不能治，譬若骄子，不可用也。"

FOOTBALL

043

互联网时代的足球

足球运动的发展与其他领域一样，随着科学技术的发展而变化。

现代足球的母亲是工业文明，父亲是工人阶级，受孕于工业革命，出生地是英国。现代足球有位哥哥，名叫蹴鞠。蹴鞠的母亲是农业文明，父亲是农民阶级，受孕于农业革命，出生地是中国。

互联网时代，或者叫智能数字化时代，必然产生互联网足球。互联网足球会有哪些变化呢？

明星与团队的关系在变化。俄罗斯世界杯，梅西与C罗率领的团队小组惊险出线，淘汰赛首轮止步，忧伤地离别俄罗斯，球迷期待的梅西、C罗对决没能上演。内马尔也没能把五星巴西带进半决赛。这几个传统豪门都不同程度地患有球星依赖症。这也预示着，互联网时代的足球，将不再会有贝利、马拉多纳式的巨星出现。以后，没有任何人能够扛起一支球队。明星球员的作用依然不可小觑，但个体贡献在团队贡献中的比例已经逐渐降低。任何一支过度依赖球星的球队都不可能有持续稳定的表现，也就很难走得更远。

系统化与多中心共存的趋势明显。工业足球的特点是，位置固定、职责明确、核心调度、循序运转。11位球员分工明确，中场要有一个核心球员，被称为“大脑”或“节拍器”，主要由他来实时调度。互联网足球的特点是，柔性位置、弹性职责、灵活运转、多元调度。一方面，球员之间不再是个体之间的分工合作，而是一个完整的体系，阵形因势变化，位置即时调整。另一方面，球员又可以根据场上形势，快速灵活地形成小型战斗团队，或者叫小分队，即时展开进攻与防御，而不再单纯依靠核心球员来组织，使攻防速度，尤其是进攻速度大大加快。也就是既有“大脑”又有“小脑”，大系统中有多中心。系统化使团队成员由“物理反应”为主转变为以“化学反应”为主。小团队、小分队的快速形成，则增加了作战的灵活性、机动性、突然性，从而大大提高攻防效率。

分工基础上的位置互换成为常态。这是系统化与多中心得以落实的客观要求。在“大云物智移”等新技术的帮助下，球队的防守体系日益严谨严密严细，再以严格的位置分工与死板的阵形展开攻势，已经越来越难以获得良好的射门机会。灵活的跑位、位置的变化则成为必然。位置不再是固定的，而是柔性的。阵形不再是刻板的，而是灵动的。这都对球员的技术水平与阅读比赛的能力提出了更高的标准和要求。

立体攻防成为强队的标志。俄罗斯世界杯，坚持以地面进攻为主的传控型球队，如西班牙、葡萄牙、阿根廷等精锐的“陆军”，实战效果都不好。俄罗斯则依靠强大的“空军”取得了出人意料的战绩。互联网足球正在向立攻防体系转变。“陆军”能够配合娴熟、快速推进；“空军”能够掌握制空权，守能压制对方火力，攻能直逼要害、精准发炮；“火箭军”能够精确长传、远程施射、精准打击；“网络信息部队”能迅速判断形势变化，及时调整策略与兵力部署；各“兵种”能无缝链接，形成合力。具备“陆军”“空军”“火箭军”与“网军”协同作战的能力，方可成为王者之师。

FOOTBALL

044

互联网时代的球队

一台电脑一旦联网，它的功能就由有限变成了无限。人创造了电脑，不能叫电脑时代；人创造了互联网，让电脑上线，一下子改变了人类的生产与生活，才有了互联网时代之说。

人人“线上”运行，才能真正让人人都“不是一个人在战斗”。

兵贵神速，唯快不破。在足球场上，怎么才能快起来？我们说，人跑得再快，不如球跑得快。但是，球跑得再快，也不如脑子跑得快。从根本上说，打仗也好，球赛也罢，比的是谁的脑子更快。脑子快，传球才能快得有效，也才能让跑得快变得有用。

脑子如何才能快起来？“硬件”好是基础，“联网”是关键。要提升“硬件”，得练。球员不能只练身体，还得苦练大脑。大脑的开发，有许多方法。教练得懂这个。如果自己不太明白，可以另请专家。因为高水平的足球运动是智力游戏，体能与技术不过是实现大脑意图的保障。人家都是智能电脑了，你还是“386”“486”，如此差距，你再怎么练习手法，工作效率也比不过人家。你再看那些智能机器，它们的“手臂”动作灵活、操作精准，不也是靠着“脑子”好使吗?

大脑的“硬件”配置是一个不断提高的过程，永无止境。在提高“硬件”配置的同时，还得不断提高大脑“联网”的水平。人能够在生物链中走到顶端，最重要的原因就是人与人之间的“互联互通”做得好。其中有两件大事最为关键。一个是创造了语言，有了语言，“联网”效率就有了大幅度提高；另一个是创造了文字，有了文字，“联网”的范围与规模也得到了大幅度提高。由此可见，让球员“联网”对一支球队战斗力的提升有多么重要！

足球运动讲究配合，需要助攻。配合与助攻是什么？就是共享与增益。通过共享队友的智慧与技艺，增加了个人的智慧与技艺。一支球队要取得更多的共享成果，就得让球员之间很好地“联网”。或者说，“联网”才能让球队的共享与增益制度化、常态化、最大化。球员不像部队战士那样可以配备通信设备（不知道未来会不会允许有），怎么才能“在线”运行呢？社会性动物最原始的“联网”办法，是声音与气味、眼神与肢体语言。要让球员之间更好地“互联”，就是要在这个基础上来发展。至于怎么发展，办法很多，就不在此处详述了。

FOOTBALL

045

抓好速度这个纲

兵贵神速，无快不破。

足球比赛是绿茵场上的速度与激情。克罗地亚、法国、比利时、英格兰、墨西哥等球队的整体攻防速度，姆巴佩的个人突击速度，都成为俄罗斯世界杯上的亮丽风景，也是各支球队制胜的利器。

足球运动的核心是对有效空间的争夺与利用。可以用身体来强攻，可以靠速度来巧取，也可以用速率来换得，还可以用技艺来拓展。这是争夺与利用空间的四大渠道。这四种渠道都需要结合技术才能打开对手的“闸门”。

攻防同时到位，身体与技术占优的一方，可以强吃对手。但一旦碰上坚持防守反击且逼抢凶狠的球队，这条“渠道”往往很难导通。德国战车在俄罗斯世界杯上的失利，就是典型案例。

攻防同时到位，速率快的一方，可以“四两拨千斤”，以速率赢得时间与空间。速率包括个人动作的速率与传球的速率。身材矮、体重轻的球队，速率上不去，便丢掉了主动权。日本队就是以速率见长的球队。

攻防同时到位，技艺精湛的一方，可以靠高超的技艺来拓展空间，创造出不是机会的机会，梅西就是具有这种能力的球员。不过，即使技艺再高超的球员，经常有“神来之笔”，每场比赛都踢出“神仙球”，也是不太可能的。

要让对手攻无机会、防不到位，最根本的是速度。速度包括传接球的速度、球的运行速度与个人带球突击的速度，还有大脑反应与决策的速度。用速度换空间，是足球场上永恒不变的法则。速度比对手快，空间就比对手大，机会就比对手多，然后再有技术来提高转化效率，就能够胜券在握了。

慢是你的最大敌人。如果一个动作就能完成的任务，就一定不要用两个动作。这是最富智慧的踢球方式。触球次数越多、动作越复杂，完成任务的速度就越慢。如果别人能够做到，而你做不到，那么你除了加练，别无选择。

足球场上，速度的等级是这样划分的：

最慢：球员做横向盘带并做假动作；

中慢：球员带球过人；

慢：球员以最快的个人速度带球向前奔跑；

较快：球员做无球跑动；

中快：球员向处于有利位置的队友传球；

最快：向前传球。

速度是个纲，纲举目张。一个人开车，时速40公里，基本不需要技术；开到时速120公里，就得有比较熟练的技术；若是开到时速180公里以上，没有高超的车技就会出事故。抓住了速度这个纲，选材的问题，基本功的问题，阅读比赛的能力问题，以及智商问题、战术素养问题等诸多问题，都会自然显现出来。当然，这个速度是人与球结合起来的速度，是在有限时空内争夺优势地位的速度，而不是田径赛跑的速度；是团队整体的速度，而不是单纯的个人速度。

是英雄，是狗熊，速度面前比比看。

FOOTBALL

046

定位球是成本最低的得分手段

在比赛进入胶着状态的情况下，定位球往往能决定一支球队的胜负。俄罗斯世界杯，定位球成了最主要的得分手段。因为在世界杯舞台上，大家水平差距不大，而且比在本国联赛中更加注重防守，在运动战中很难获得破门良机。

定位球是破密集防守的重要手段。定位球是明星球员施展才华的重要机会。定位球是成本最低的得分手段。定位球不见得决定每场比赛的胜负，但是，如果一支球队定位球的攻防水平上不去，想在一项赛事中取得好成绩是根本不可能的。

人人都知道定位球重要，可怎样提高定位球的转化效率呢？

关键要在三个字上做文章，即巧、精、变。

巧，就是定位球的战术设计要巧妙。巧，是定位球成功的核心。设计定位球战术，可以运用几何原理，借鉴斯诺克技术，在线路、落点上做文章。巧还要体现在人的能动性上，用进攻球员的站位与移动，误导对手，有佯攻，有策应，有掩护，有一攻，有二、三次打击。要结合对手、结合场上形势，综合施策，灵活应用。

精，就是技术的精湛。精，是定位球成功的保障。进入有效射程的直接任意球，可以采用战术任意球，也可以直接攻门。而且直接攻门是最简洁有效的破门手段。一流强队基本都有任意球高手，他们创造了“香蕉球”“落叶球”“电梯球”等多种高超的任意球技术。直接任意球技术，可以运用力学原理，并利用计算机模拟，进行精确研究，以提高训练的科学性。

变，就是战术应用上的变化。出其不意才可能达到目的，这就需要变化。如何变化？根据对手的特点来变化，根据对手的站位来变化，根据定位球位置的不同来变化，根据定位球发生的时间不同来变化。变的目的是增加突然性，变的前提是要有多种战术储备。

巧、精、变从哪里来？

一是设计。要让“巧”字在赛场上落地，就得在场下多用脑。定位球的战术变化是没有穷尽的。场下没有设计，赛场上必然技穷。定位球的设计应该成为一支球队的日常工作，有专人负责，坚持长期学习、研究与创新，不断丰富自己的定位球战术库。

定位球的设计，突然性是第一原则，技术性是第二原则。最大限度地发挥自身特长是第三原则。现在的定位战术，多数都太直白，所以效果大多不好。

二是训练。熟能生巧，业精于勤。没有勤，则难有精。场上一脚球，场下十年功。没有足够的科学的高质量的训练，就不会打出精彩的任意球。只要功夫深，铁棒磨成针。科学训练、刻苦训练、天天训练，配合精妙的任意球就有了，“神仙球”也就有了。练得专注入神，踢出来的球就有“神”。

FOOTBALL

047

细节要抠细

有人说细节决定成败，也有人说战略决定成败，到底哪个决定成败呢？没有细节，战略不过是空中楼阁；没有战略，细节构不成亭台楼阁。细节与战略是互为成败的。正确的战略确定以后，细节就成了决定成败的关键因素。

足球比赛是由无数细节构成的。而每一个细节都可以做得更精细精准精益。如果你能把每一个细节做得比对手更好，你就掌握了主动；如果你能把每一个细节做得今天比昨天更好、明天比今天更好，你就能不断进步，成为超一流的球星。

怎样才能把细节抠细呢？

首先，主教练平时的标准要求要高。无论是训练还是比赛，主教练都不能放弃对任何一个细节的高标准严要求，必须适时指出球队与球员身上存在的差距与不足。如果球员不能及时提升，先要对其实施“微惩罚”，比如加练等。如果仍然无效，就应该适当加大惩罚力度。

其次，抓尖子球员的典型示范。细节是一个精益求精的过程，是永远在路上的工作。这就需要抓尖子球员的精益与创新，以此建立新的标准与要求，带动球队整体水平的持续提升。

再次，建立细节提升机制。可以建立细节分析研究制度，每一场训练与比赛之后，都要有细节上的分析；同时，要定期分析球队在细节上存在的共性问题，研究交流先进球队在细节处理上的长处，提出球队在细节改进提升方面的方向与措施。也可以确定专人负责球队细节分析研究方面的工作，及时为球队提出细节提升的建议与措施。

又次，要对细节进行分类管理。实施分类管理的好处是，可以发现细节处理不好的更深层面的问题，从中发现规律性的东西，有利于将细节管理提升到更高的水平。

最后，也是最重要的是形成重视细节的球队文化，形成自觉。引导鼓励球员平时讨论细节，训练与比赛中及时交流细节处理的问题与经验。

任何一支球队，包括那些目前处于世界一流的球队，都存在大量细节处理的不足。因一个细节处理不当，给比赛形势带来反转的案例数不胜数，其中一部分是球员能力不足造成的，更多的则是思想上不够重视造成的。可以说，从细节抓起，是迅速提升球队胜率的一条捷径。

千里大堤溃于蚁穴。一个细节可能决定一场比赛的胜负。一位优秀的主教练对此不能不察。

FOOTBALL

048

建立自己的信息密码

任何一支军队，都有自己的密码，用以传递信息。密码一旦被敌人破译，部队就将处于危险之中。同样，一支球队也要有自己的密码，供主教练临场指挥与球员场上交流时使用。有密码而不是用对手也能听懂的语言，才能不被对手了解你的意图，从而打出更加流畅的配合。

一名球员，最好是像武侠小说中的武林高手那样，可以眼观六路、耳听八方。一名优秀的球员也应该努力提高自己更快更多地捕捉比赛信息的能力。但是，球员毕竟不是神仙，后脑勺与天灵盖上都长不出眼睛来。

在比赛中，因沟通联络不畅而出现的问题非常普遍。有时持球人无法及时将球转移出去，被对手围抢而失掉了球权；有时队友之间传与跑想不到一块，而丧失了良好的进攻机会；有时持球人不知道身后的情况，让对手抢去了球权；有时处于最佳位置的球员焦急地挥手要球，可持球队友却因无法及时得到有效信息，而不能做出最优的传球选择；有两名防守球员同时争抢同一个点，自己把自己人给撞翻在地的；有两名进攻球员跑向同一攻击线路，从而减轻了对手的防守难度，甚至替对手充当了防守角色的。要解决诸如此类的问题，办法只有一个，那就是建立起完善的信息密码体系。

一支球队有了自己的信息交流密码之后，就相当于建立了与对手隔离的互联网，每个球员都是一个移动平台，大家可以“共享”眼睛、耳朵与智慧。

这个密码体系可以用三种主要方式来构建：

一是身体语言。就是用自己的肢体动作与身体姿态来传递意图。这种方法主要适用于进攻过程中，特别是中场球员与前锋、边锋等之间的沟通交流，以及主罚定位球的球员与队友之间的信息传递。身体语言必须双方看得见才能进行，因此就有一定的局限性。另外，也比较容易被对手破解。用手指的微动作来传递信息则是一个很好的方法。

二是表情尤其是眼神交流。就是用面部表情与眼神的变化来传递意图。这种方法主要适用于近距离的传切配合。其优势是对方很难看懂，缺点是队友也不易察觉。

三是声音编码。就是使用暗语来传递意图，与老式的发报原理类似。这种方法的适用范围广，特别适合处于后方的球员用来为前方的持球队友传递信息，帮助其做出及时正确的行动决策。

此种方法的缺点也是容易被对手破解。应对的办法是建立三种不同的暗语，每场比赛使用不同的暗语，一场比赛的不同阶段也可以启用不同的暗语，如此一来，即使对手破解了暗语，也可能会理解错误。

你想让场上11名球员更好地协同作战吗？你想让主教练的意图准确及时地传达给场上球员吗？那就抓紧建立自己的信息密码吧！当球员们熟练地掌握了自己的密码交流技巧，每个球员都将是可以眼观六路、耳听八方的“武林高手”。

FOOTBALL

049

低成本犯规

足球运动是一门综合艺术。进攻是艺术活，防守是艺术活，防守中的犯规也有艺术性。

比赛场上，有些犯规是必要的，有些犯规则完全不应该。什么情况下不应该犯规，什么时候必须犯规，是有讲究的；该犯规的时候，选择怎样的犯规方式，也是有讲究的；对什么样的球员，采取什么样的犯规方式，就更有讲究；不用犯规，就能达到比犯规更好的效果，那就是精致的讲究了。

许多犯规是有成本的，甚至会付出极高的代价。聪明的球员则会聪明地犯规，也就是善于低成本犯规。

犯规的成本从高到低大致可以如此排序：

被判罚点球；

被红牌罚下，没有给本方带来实质性收益；

被红牌罚下，化解了本方的一次重大危机；

被黄牌警告，没有给本方带来实质性收益；

被黄牌警告，化解了本方的一次危机；

被口头警告，对本方毫无意义；

被口头警告，防范了一次危机的产生；

没有被处罚，但对方获得了有威胁的前场定位球。

如果是在本方出现危机的情况下，不得已采取的犯规，那么，这些成本的付出是有一定收益的。如果在不构成危机的情况下，这些成本就是白白付出的。在比赛中，经常会出现毫无意义的犯规。有时候，皮球还在对方前场，而且本方球员已经回防到位，防守球员依然放铲，被黄牌警告。有时候，持球人已经被压迫到边线附近，失去快速推进的能力和好的传球线路，防守球员依然使用犯规动作，虽然没有收获红黄牌，却给对手送上了一次好的进攻机会。这些低级错误，往往在个别球员身上屡屡出现。有些是因为情绪管理能力欠缺，有些则是因为没有低成本犯规的意识。

优秀的球员必须研习犯规的艺术，最大限度地降低自己犯规的成本，最大限度地降低对他人的伤害，最大限度地通过不犯规的干扰达到犯规的效果。

当对方突入禁区，双方比的不只是技术，更是心理。除了进行身体上的限制之后，还可以使用心理上的干扰。方法很多，这里不便细说。点球的成功率在 70% 以上，禁区内射门的成功率远低于此，所以，在禁区内做出明显的犯规动作是愚蠢的。

即使是那些必需的犯规，也要首先选择最低成本的方式，不到万不得已，不要下脚。犯规和传接球一样，有许多技巧，需要用心琢磨，合理使用。犯规还有时机上的把握，同样的犯规动作，不同的时机，受到的处罚与取得的效果往往大为不同。总的来说，还是先下手为强。

有时候，适时适当地干扰对手，能够起到比犯规更好的效果。这种方法对那些情绪不稳定的球员尤为有效。如果你能够巧妙地施加影响，对手则可能自废武功。

一定不要忘了，攻与防比的不只是技术与意识，还有心理与情绪。身体的姿态、表情与语言都是防守的组成部分，一定要学会用各种方法来干扰对手。

FOOTBALL

050

兴球与强师

抗战时期的西南联大，仅八年时间，培养出李政道、杨振宁、朱光亚、邓稼先、赵九章、黄昆、汪曾祺、何其芳、任继愈等一大批杰出人才，不仅文史哲领域群星灿烂，还有科学院院士80人，工程院院士12人。什么原因？老师厉害呀！看看这个名单：校务委员会主席：张伯苓、蒋梦麟、梅贻琦。教师：陈寅恪、朱光潜、梁思成、王力、朱自清、冯友兰、钱穆、钱锺书、周培源、林徽因、华罗庚、沈从文、闻一多、潘光旦等，名角太多，就不一一列举了。名师出高徒。此为强力证明。

中国足球为什么不行？师傅太差。师傅不名徒弟拙。中国足球是典型例证。目前，从事基层青少年足球的教练员，多数没有受过系统的足球训练，基本上都是经过短训班突击培训出来的，只要交够了钱，就能拿到资格证。有过职业足球经历的运动员大多好高骛远，一线俱乐部主教练干不上，又不愿意放下身段踏踏实实地去从事青少年足球教育。因此，中国足球教练不只数量少，素质还低。由他们教出来的徒弟存在基本功不扎实、悟性不高、上升空间小等问题，也就不足为奇了。

其实，兴球必先兴师的道理大家都懂，也做了许多努力。比如，聘请外国大牌教练为师，走出去拜洋人为师，等等。但是，我们在这个过程中存在两大突出问题。第一，重视培养球员，忽视培养本土教练，本质上是急功近利。第二，我们并没有清楚地认识到教练的能力主要是什么。许多人没有充分认识到，做球员与当教练是两个完全不同的职业，或者没有清醒地认识到好球员与称职的教练之间的不同究竟在哪里。

专业精是对教练的一项基本要求。教练的专业与球员的专业既有区别又有联系。当球员的时候，“知其然”也能够用；当教练则还要知其“所以然”。当球员的时候，管理好自己也能够用；当教练还得掌握管理他人的艺术。对球员来说，掌握了技术与战术就基本合格了；对教练来说，得善于把自己掌握与知道的东西传达给球员。简单地说，就是球员的专业是会踢，教练的专业是会教与会管。会管相对来说更加重要，因为教可以请助教帮助，管则必须“亲自上手”才行。

怎样才能尽快培养出一支高素质的教练队伍呢？

一是思想观念上的转变，由重视球员培养转变到教练与球员培养并重上来。几十年来，我们在培养球员上可以说是不惜血本，取得的效果却微乎其微，极端地说就是血本无归。职业俱乐部大都重金聘请外教，外教大都只重眼前的成绩，不太重视球员综合素质的提升。从足球主管部门到职业俱乐部都没有把培养本土教练提上议事日程，造成了中国足球发展过程中的事倍功半。中国足球要改变长期被动的局面，就必须把财力、物力与精力由集中在球员身上适当地向本土教练身上转移。

二是认识上的转变，由重视教练的技战术水平向技战术水平与领导能力并重转变。足球运动发展到今天，比任何一个企业涉及的专业领域都多，已经没有人能够具备所有足球运动所需要的专业知识，因此一支足球队必须有一个教练团队，实现专业互补，协同工作。主教练作为“班长”，其核心能力是领导力。主教练不只是技术指导，而且是团队领导。这个转变对中国足球的发展至关重要。

三是思路上的转变，由专注于聘请外教向外教与本土教练并重转变。聘请外教是一个好的方法。要让这个好方法取得好效果，就得把目的定位在帮助培养本土教练和提升本土球员水平上，在实现洋为中用的过程中，提升本土教练的综合素质，逐步由本土教练完成中国足球的中国特色与中国风格。没有教练的本土化，就难有足球的中国风格；没有足球的中国风格，则难有中国足球的走向世界。在这方面，日韩已经走在了我们前面。

有了这三个方面的转变，才能谈举措与方法。否则，再多的举措与方法，要么事倍功半，要么南辕北辙。

FOOTBALL

051

主教练的素养

千军易得，一将难求。足球运动，场上是运动员的比拼，场外是教练员的较量。

中国古代兵书《六韬》中有这样一段话：

将不仁，则三军不亲；

将不勇，则三军不锐；

将不智，则三军大疑；

将不明，则三军大倾；

将不精微，则三军失其机；

将不常戒，则三军失其备；

将不强力，则三军失其职。

故将者，人之司命，三军与之俱治，与之俱乱。

这就是人们常说的，兵熊熊一个，将熊熊一窝。足球队就是战斗队。因此，也可以说，有什么样的主教练，就有什么样的球队与球员。

一名足球教练，要带队征战“列国”，每天都是实实在在的“N 国演义”，这就要求他们既要有政治家的智慧也要有军事家的素养。缺了任何一个方面，都不能成为这个行当的高手。

政治家需要哪些素养呢？马克思 · 韦伯认为，有三大禀赋是政治家必备的：

第一，对认定价值目标的献身热忱；

第二，使命感与实现使命必需的责任伦理；

第三，超越感情的冷静判断和深刻的洞察能力。

军事家需要具备什么要件呢？美国军事委员会提出过这样的标准：

第一，必须具有分析能力，能够超越孤立的事实或者某一领域的专长，看到并整理出事物之间的相互联系；

第二，必须是实用主义的，能够有意识地重新构建自己的战略模式，使之符合形势的实际需要；

第三，必须具有创造性，经常挑战现状；

第四，必须接受过多种教育，是通才，而不是专才。

简单一点说，一位优秀的教练，要给球队提供思想、提供斗志、提供方法，尤其是提供思考方法。同时，自己要有理想、有智慧、有定力、有创造，尤其是要有不断超越的精神。

FOOTBALL

052

领导如何是好

好团队少不了好领导。那么，领导如何是好？有人说，当领导干好两件事就行，那就是：出主意，用好人。但是，这两件事，领导往往办不好。

如今，专业分工越来越细，知识量越来越多，各方面的联系越来越广泛也越来越复杂，即使是才高八斗、学富五车，如果只靠自己出主意，肯定是成不了大事的。

靠人选人，能选好用好的案例不多。一般来说，初为领导者选人勉强靠谱，时间越长越离谱。人都有弱点。领导在明处，弱点易被下属发现。越是德行差的人，越会利用领导的弱点，以达到自己的目的。人选人的悖论是，选人的人希望选拔德才兼备的人，而且特别重视德，但选出来的人往往有一些缺德的人。

人的最大弱点是贪。当领导的，贪财者有之，贪色者有之，贪名者有之，三者兼具者亦有之。其中危害最大的则是贪名。一个领导，如果觉得自己德行最佳、才能最高、功绩最大，一定会出大问题。因为贪财贪色者毁己；贪名者则坏事。

作为一位选“将”的统帅，最要紧的有两件事：一是管理自己，二是建设生态。

管理自己有两个方面，一是用好强项，二是管理弱点。其中最难又是最关键的是管理弱点。因为，弱点会让你的人生与事业变性变质。

怎样管理弱点？曾子老师早就教过了，要“吾日三省吾身”。每天都得反省自己，听到赞美的话是不是过头了，对待成绩是不是估计过高了，遇到问题是过于武断还是过于怯懦，是不是有一段时间听不到不同的声音了。

自省的效果怎么样，可以用一个直观的现象来验证，就是自己身边有没有几个可以和自己说不同意见的人。喜欢赞美、讨厌批评是人之常情。一个领导则需要于常情之中寻找常理。用常情去理解别人，用常理来管理自己。

一个领导只管好自己是不称职的，还要有业绩。业绩不能靠领导自己干出来，要靠大家的聪明才智与恪尽职守。领导的要务就是建设一个人尽其言、人尽其才的生态环境。

当领导不能没有主意。主意从哪里来？古人是这么说的：“以天下之目视，则无不见；以天下之耳听，则无不闻也；以天下之心虑，则无不知也。”韩非子一再告诫君王，不要轻易发表自己的观点，不要随意表露自己的喜好，让臣子们充分地讨论争论，集天下之智为己所用，才能成就最有智慧的自己。

一位有智慧的教练，起码要学会用好“两宝三见”。哪“两宝”？建议与批评是也。哪“三见”？助手的意见、球员的意见、舆论的意见。

尽可自由呼吸，不许随意“放屁”。先有集思广益，后有定于一尊，这才是好的智慧生态。

再高明的决策，也得靠人来实施。用对人才能让教练的智慧转化为现实的战斗力。要用好人，只在用上下功夫是不够的。用好人的前提是建设一个团结向上的团队生态。没有这样的生态，你用人再对，也是矬子里面拔将军，并不能保证取得预期的效果。

如何形成良好的团队生态？价值观的确立是重中之重。你提倡什么、反对什么，都要以这个价值观为遵循。选人用人的时候，首先要看他的价值观，然后才是技战术水平。当然，这个价值观不能由主教练装在自己心里，而是要落实到制度规则中去，也要有一定的科学方法来衡量。

像足球这样的团队项目，用价值观塑造人，以价值观来用人，永远都是最重要的。一位主教练，管自己也好，建生态也好，说到底就是建设优秀的足球文化。

成功的人能够给自己找对地方，把自己的潜能发挥出来；成功的领导能够把别人用对地方，用人之长、避人之短；而卓越的领导则能够创造这样一种条件，就是让别人能够比较容易地给自己找对地方。

FOOTBALL

053

主教练的决策管理

主教练是领导，是领导就要决策。足球教练可以说是所有领导岗位中决策频率最高的岗位之一，特别是危机当中的快速决策。

我们经常在比赛时看到，有的主教练总是处乱不惊，镇定自若，从容应对；有的主教练则如热锅上的蚂蚁，束手无策，出招也多是昏着、败招、无用招。这就是主教练之间决策能力的差异。主教练的大脑，在整个比赛过程中，都是超速运行的。不过，有的教练大脑中运行的主要是感性的焦虑焦躁，而有的教练大脑中运转的则主要是理性的分析判断。很多教练，懂球，但并不懂决策。决策这门学问，是基于实践的，又是科学的，也是艺术的。虽然很玄妙，但还是有一些方法是可以掌握运用的。

美国军队普遍采用一种决策管理体系，叫作 OODA 循环。什么是 OODA 循环呢？就是一个观察、判断、决定、行动之后，对手会相应做出应对举措，实施新的行动，引起场面的变化，或者战局与事先预想的情况并不一致。这就需要新一轮的观察、判断、决定与行动，如此一直循环下去，直到战斗结束。

你在进行决策循环，对手也进行决策循环，假设双方都能做出正确决策，那么，先于对手就成为关键。怎么才能先于对手呢？利用信息化、数字化手段进行观察与分析，先于对手观察，先于对手判断，先于对手决策，先于对手行动，这就是先下手为强。

在决策的 OODA 循环中，第一个循环是最重要的。在这个循环中，必须做两件事，一是制定作战方案，找准克敌之策；二是制定若干预案，做好应变准备。这样就为以后的循环决策奠定了基础。准备越充分，应对就越自如、越及时、越准确。各种情况都预料到了、各种方案都做好了，自然就可以像诸葛亮那样，潇洒地摇着鹅毛扇，决胜沙场了。

足球比赛是双方教练与球员斗智斗勇的过程，赛前准备再充分，也会有意想不到的情况发生，只要比赛没有结束，循环就没有停止。在比赛开始后的决策循环中，需要重点掌握三个要点：一是信息要全，二是判断要准，三是决策要快。要做到信息全，就必须运用好信息化数字化手段，再加上教练团队现场的观察力。要做到判断准，那就不是一日之功了，教练团队日积月累的储备与大数据分析的辅助，都是必不可少的。至于决策的快慢，那就看主教练的魄力与担当了。

主教练需要面对大量的危机决策。这类决策几乎没有什么捷径，必须具有丰厚的储备。这种储备从哪里来呢？光靠自己的实践经验是不行的。因为没有任何一个俱乐部或者国家队给你那么多失败的机会。唯一的道路就是向前人、他人学习。学习他们失败的教训与成功的经验，尤其是失败的教训。

FOOTBALL

054

还是要“三从一大”

中国体育界过去有条成功的经验，就是“三从一大”，现在已经无人提起了。“三从一大”曾经被定性为非科学的产物。它的确有不科学的成分在，却并非全无道理。正确的做法是发展它，而不是简单地否定它。

为什么说“三从一大”是个好东西呢？让我们检视一个案例。事情发生在20世纪60年代的越南。美国空军的F-4与苏联米格展开制空权的争夺。当时，F-4是最先进的战机，米格算是第二先进的战机，头三个月空战的结果，米格的损失比F-4略小。美国空军开始琢磨，问题出在哪里呢？他们发现，问题出在训练上。于是，新训练“三原则”出台了。

原则一：训练必须全程录像。有了录像，对训练质量的评估就有了依据。

原则二：训练要最大限度地接近实战，找最强大的对手陪练。

原则三：训练之后要进行检视，分析之后再次训练，反复进行，力求精益。

一年后，美军的作战能力大幅提升。后来，陆军上将戈尔曼要把新训练“三原则”引入陆军训练，却遭到了陆军高层的质疑。为什么质疑呢？原来，他们这种训练之后的检视，要求所有参训人员脱掉制服、忘掉职级、平等地讨论问题，直接地指出不足，公开地议论对错。他们担心，这样一来会模糊了上下级关系，影响士兵对长官的尊重，使执行力打折扣。

戈尔曼将军不为所动，坚决推进变革，成果斐然。在后来进行的几场局部战役表明，此次变革大大提高了军队的战斗力。士兵的纪律性与执行力不仅未受影响反而得到提升。你想啊！在日常训练与训练后的检视中，士兵已经充分发表了自己的见解，军官们等于高度集结了大家的智慧，他们只要在实战中发挥出平时的训练水平就可以不出现大的差错，因而就更容易得到士兵的认同。

其实，美军的新训练“三原则”和中国体育的“三从一大”差不多。中国体育是“从难从严从实战出发，坚持大运动量训练”，美军是“从难从严从实战出发，坚持平等的大讨论”。中国体育的“三从一大”，又是根据解放军的训练方法和日本排球教练大松博文的执教经验发展而来的。就是说，这一经验是外国经验与中国经验相结合的产物。这些在血水、汗水与泪水中提炼出来的宝贵经验，若是轻易地丢了着实可惜。

要反思起来，中国足球沦落到今天这种让全国上下当作笑谈的地步，原因虽然很多，但丢掉了“三从一大”传统也是成因之一，而且是训练层面的主要原因。这些年，花了那么多钱，请了那么多外国大牌教练，可中国球员的水平有多少提高呢？看看中国队在国际比赛中的表现，再看看泰国、越南队在国际比赛中的表现，便一目了然。倒不是说这些大牌教练都是“水货”，而是国情的确不同。外国再好的经验也得与我们的现实相结合，才可能落地生根、开花结果。比如，国外的孩子打小就以自立教育为主，自己有自己的主意，自我管理能力也强。而中国的孩子呢，是在一群长辈的呵护下长大的，自立能力差，老是被疼爱、被约束着，一旦离开了家长的视野，就特别容易放纵。所以，完全用管理国外球员的方式来管理中国球员，很难达到预想的效果，完全把训练国外球员的理念与方法用到中国球员身上，效果也会大打折扣。

如今，科技高度发达，对球员生理与心理的检测手段已经非常先进，如果对“三从一大”辅助以科学手段，再加上引导球员参与训练成果的讨论分析，一定会大幅地提升球员的综合素质与球队的战斗能力。

FOOTBALL

055

高效团队的秘密

不怕狼一样的对手，就怕猪一样的队友。团队很重要，但没有效率、战斗力不强的团队也许就是个累赘。

什么样的团队最富效率、最具战斗力？

人们一般会想到这么一些关键词：愿景、动力、领导力、执行力、创造性、凝聚力、激励机制、成员能力等。麻省理工学院人类动力实验室的彭特兰教授率领的团队经过对200多个团队的调研，发现这些因素起的作用都不大，或者说，这些因素只是表象，其背后还有更深层次的东西左右着他们。经过广泛的收集资料与更深入系统的分析，他们发现影响团队效率的头号因素是人际交往能力。

这样的团队有何特征？研究发现，高效团队的成员有三种独特的交往方式：其一，他们之间的会话发言简短，但贡献的想法很多；其二，他们不断地提出自己的想法，对他人的想法能够及时回应，做出简短评价，较多地使用“好”“对”或其他看法；其三，所有成员都提出自己的想法，并对他人的发言做出回应，发言机会基本均等。

这是为什么呢？

首先，人是社会性动物，需要相互认同。相互认同才能构筑起团结向上的战斗堡垒。而团结是铁、团结是钢、团结是无坚不摧的力量。怎么增加相互认同呢？有效的沟通交流。纪律是团结之躯，交流是团结之血，价值观是团结之魂。没有交流，则魂难附体。无魂之群体，必是一盘散沙或是行尸走肉。

其次，人是情感类动物，需要情感交融。情有所系，心有所属，干起事来才能出彩。士为知己者死，女为悦己者容，讲的都是一个情字。同学情、战友情、兄弟情，情之所至，不能自已，可以两肋插刀，在所不辞。情生何处？来自良好的人际互动。

最后，技巧需要交流，智慧来自交汇。互联网为何就有了改变世界的力量？因为有那么多的电脑连在了一起。人为何大大超越了其他动物？因为人发展出了一套交流的技术。但是，在活生生的现实中，人多并不一定力量大，三个臭皮匠并不一定顶一个诸葛亮，因为团队的能力不是个体能力之和，团队的属性也不是其成员个体属性之和。可能相互抵消，也可能相互增益。是形成减法效应还是形成乘法效应，关键在于是否形成良好的人际互动。个人的能力技巧，在交流中才会加快改进、持续精进，而智慧也只有在集体交汇中才能不断出新。

中国足球圈在团队建设上存在的致命问题，就是形不成良好的人际关系，江湖气过重，人文气太弱。中方球员大都不善人际沟通，更缺乏思想交流的意识与技巧，很容易形成封闭的小圈子，极大地降低了团队的战斗力。本土教练用业已形成的小圈子文化、江湖习惯带队，时间一长就会使团队分裂，只能灰溜溜地下课。外籍教练多数缺少跨文化管理能力，仅凭自己独特的业务能力立足，当球员熟悉了他的几招鲜之后，他对球队的控制力也就迅速下降，最后也就难逃下课的命运。

温格当年初到阿森纳的时候，就相当注重培养球员沟通交流的能力。为了让法国球员与英国本土球员更好地了解融合，他用很多手段让英国核心球员与法国球员增加交流增进感情，努力打破过去小圈子成员一起吃饭、一块活动的老习惯。他还精心设计球员庆生等活动，拉近球员之间的心理距离；组织球员到法国旅游，让英国球员更多地了解法国文化，以增进相互理解；等等，并创造了阿森纳一段辉煌的历史。

虽说温格目前在阿森纳的日子并不好过，但他毕竟在阿森纳执教 20 多年，已经创造了世界足坛的一个传奇。

沟通的重要性就在于，可以使一个团队产生化学反应，生成一个有机整体、一个运行系统，既能够实现内部高效运转，又能够一致对外。

FOOTBALL

056

既要训练格斗，更要训练“说话”

诸葛亮舌战群儒，一张嘴抵得过百万雄兵，真是好生了得。大家敬佩归敬佩，可还是觉得那是文臣的活，不是武将的事，更与士兵没有关系。士兵是用武器说话的，文人才卖弄“舌头”。要说“说话”也是战斗力，而且是最根本的战斗力，大概许多人会将信将疑。

美军在伊拉克战争中深刻地体会到，军队最重要的战斗力是能够俘获人心，从此重视提高士兵的人文素养，开始对士兵进行人际沟通的训练，增强士兵“说话”制胜的能力。此举被视为一场新军事理念的大变革。无独有偶，美国棒球队也创造了通过加强交流沟通增强比赛能力的案例。

事情的经过是这样的：2008 年，阿辛格要率领美国棒球队参加两年一度的莱德杯锦标赛。此前，美国队六次参赛五次失败，而这一次，最优秀的选手伍兹因伤不能参加比赛。欧洲球迷大肆嘲讽美国队，高唱："没有了伍兹，你们如何取胜？"正是这句话，引发了阿辛格的思考。棒球是一项个体化运动，选手们最缺乏的是团队意识。美国队之前从未像一个真正的团队，从没产生过那种难以描述的化学反应。于是，阿辛格决定要把12名球员融合为一个团队。他根据每位球员的性格特点，分成了三个小组，告诉他们："你们是一个团队，一起生活，一起训练，一起比赛，一起制定战略。除非你们受伤或者生病，否则我不会把你们分开。"接下来的日子里，小组成员加强了交流，增进了相互理解，每个人都会考虑其他人的想法，能够替队友出主意，并且相互鼓励。结果，他们大获全胜。

阿辛格解释说："在恰当的时刻做一个巧妙的评论，可以改变局势，带来积极的结果。""轻轻拍一下背部，或捕捉对方的眼神，并对他微微点头，可以重塑信心，改变结局。"美国两所大学与欧洲三所大学联合组成的科研团队研究发现，团队成员当面交流越多，工作成效越高；彼此目光交流越多，创造力越高；相互敞开心扉的程度越高，创造力越高。研究证明，传递信息的方式与信息本身一样重要，在特定情况下，传递信息的方式更加重要。

"说话"为何会形成战斗力？形象一点说，"说话"就是大脑互联，"说话"的方式不同，等于大脑联结的宽带不一样，由此带来了信息交互的质量与效率的差异。团队建设的一个重要方面就是让所有成员的大脑互联，并持续升级其交互效率。如何实现

"脑脑"交互的效率？培养"说话"的能力就是一个重要的方法。

重视人际关系是中国的一个优秀传统，但中国人在处理人际关系方面侧重于构建伦理，偏重于人情世故，较少有思想上的交锋与交流，更缺乏平等的沟通，尤其缺乏这方面的习惯与技巧。这种局面易形成圈子而不易构建一加一大于二的团队，很难形成化学反应。此种现象，男人比女人更甚。在竞技体育领域，个体项目都在进步，有的甚至是突飞猛进，但团队项目却停带不前，人数越多的项目，表现得越突出，中国男子足球则是其中的代表。所以，注重培养中国球员"说话"的能力就需要引起高度重视。对中国足球而言，训练球员的技战术与训练球员"说话"同样重要。

"说话"出凝聚力、出创造力、出战斗力。每一位球员都应该学会好好"说话"。

FOOTBALL

057

当好教练从会讲故事做起

如今，碎片化、视频化的传播成为一种潮流，这是为什么呢？诺贝尔经济学奖得主丹尼尔·卡尼曼研究发现，人的思维有两个系统，“系统1”是自动反应式，无须刻意控制，毫不费力，方便迅速；“系统2”属于理性分析式，专门负责那些需要耗费时间与心智的工作。碎片化、视频化的传播完全契合“系统1”的特点，而“系统1”工作的时候，主人不需要付出多少努力，处于比较舒适的状态。这就是碎片化、视频化传播得以流行的重要原因之一。

网上有这样一个段子：和恋人讲道理，是不想活了；和老婆讲道理，是不想过了；和同事讲道理，是不想混了；和老板讲道理，是不想升了；和邻居讲道理，是不想见了；和朋友讲道理，是不想交了；和老师讲道理，是不想学了。

万物都不讲道理，人只是在许多情况下不得不讲道理。但是，人毕竟还有一个“系统 2”，它也不甘心无所事事。怎么让“系统 1”与“系统 2”都能够发挥好作用呢？一个好的方法，就是讲故事。“讲故事”是在讲事情不是讲道理，所以，“系统 1”听得高兴，“系统 2”则可以根据需要从中整理或发现出一些道理来。

美国国防部高级计划局曾专门组织人来研究故事与讲故事。他们利用故事提升军队自身的凝聚力，也通过士兵们讲故事的能力来“打赢”对手。故事比道理更能够入耳入脑入心，更容易起到润物无声的效果，所以讲故事不仅是传播领域最为有效的武器，也是领导力的重要组成部分。杰出的政治家、军事家、企业家，以及宗教领袖，几乎都是讲故事的高手，或者有一批善于讲故事的高人。

中国足球本土教练为什么不行？要回答这个问题必须从对主教练这个岗位的定位谈起。

一名主教练尤其是像足球这种团体项目的主教练，其核心能力是什么？许多人都觉得是业务水平。但是，这是一种严重的错误认识。在欧洲发达国家，球员们一般称主教练为“老板”，中国球员一般称主教练为“指导”。前者视主教练为领导，后者把主教练当作“技术员”。这种认识上的误区是造成中方教练在中超全面沦陷的最主要原因。主教练的核心能力是领导能力，其次才是专业能力。主教练是领导，不是足球专家，当然最好是具备专家水平的领导。专业能力的短板可以由助理教练来弥补，领导能力若不足是不能由助理教练来补强的。主教练就是一个领导班子的班长。班长的主要任务就是两条：一是确定正确的战略策略，二是用心做好人的工作。做好人的工作，就是让团队成员既有“物理连接”又起“化学反应”。不懂领导艺术，不具备领导力，足球业务再强的主教练也是“外行”，充其量也就是一个“半吊子”，带不好队伍，成不了大事。

孙权说：“千人同心，则得千人之力；万人同心，则得万人之用。”在领导能力的诸要素中，凝聚人心、调动人的积极性与创造力的能力又特别关键。而要把这个关键问题解决好，学会沟通、学会讲故事就是一把好钥匙。中国足球本土教练大都缺少讲故事的自觉与讲好故事的能力。中国足球本土教练要想打翻身仗，要想实现对外籍教练的超越，要想在中国足球走向世界的奋斗历程中有所作为、有所贡献，不妨从重视讲故事、学会讲故事做起。

白岩松先生说：“中国新闻人现在学会讲故事已经晚了，如果现在还不能学会讲故事就死了！”中国足球教练如果再不重视讲故事、学会讲故事，怕是没有出头之日了。

FOOTBALL

058

中国女排为什么行

中国体育阴盛阳衰，团体项目更甚，其中，男足与女足、男排与女排表现得更为突出。男排为什么不行？女排为什么行？或者说，为什么在竞技成绩方面，女子团体项目普遍优于男子团体项目？大家知道，集体项目比的是集体的智慧与力量。西方在关于集体智力研究的一个结论是：女性使团队更加智慧。中国民间有一句俗语：男女搭配，干活不累。“在一起”不仅是调动起了正面的情绪，还激发了群体的智慧，干劲与效率双双提高，所以才会“不累”。

其中的道理是什么呢？

剑桥大学心理学家西蒙·巴伦－科恩提出，男性与女性大脑最大的区别是，男性大脑是“系统化”的，女性大脑是“共情性”的。“系统化”是指喜欢寻找任何一个系统、一件事物的规则、规律。“共情性”意味着了解他人的状态，并做出恰当的情感或情绪反应。“系统化”长于思，是理解并预测受规则支配的无生命宇宙的最佳方式。“共情性”敏于情，是理解并预测社会性世界的最佳方式。前者擅长在物质世界里纵横驰骋，后者常常在情感世界里如鱼得水。

在中国所有的城市中，广场舞的主体都是女性，无一例外。三个女人一台戏，只要有女性聚集的地方，一般少不了“叽叽喳喳”。而男性似乎更偏爱相互“挖坑”的麻将与扑克牌，或者是二人对弈的棋局，又或者是孤独的思考。比如，在中国围棋界，男性长期领先于女性。在哲学领域，则鲜有成就突出的女性。这些现象似乎都在说明，男性更长于计算与逻辑，而女性在识别他人动机、思想和情感的能力天然地优于男性。总体上来看，女性比男性更乐于交流，更愿意聚群。男性一般要在酒精的帮助下，才能够敞开心扉。对女性而言，她们仿佛是自带酒精的。男女搭配的场合，会自然而然地“酒不醉人人自醉”。

更多的思想和更好的判断和更统一的行动，构成了团队的效率，形成了团队的战斗力。女性比男性更容易形成这样的人文环境。这是中国女排比男排成绩更好的重要原因之一。

肯定会有人说，这个观点与现实并不完全相符，事实上女性多了事多。没错，许多女性多的群体的确是非多。这正是因为女性敏感且喜欢“八卦”。男性的专长也好，女性的特长也罢，都可能向正反两个方面发展，都有一个如何引导、领导的问题。宝刀可以杀人，也可以抑制杀人，关键看它掌握在什么样的人手里。团队需要好的领导，这也是袁伟民、郎平可以带领女排夺冠，而其他教练做不到的原因之一。

一定有人会反问：为什么有许多国家，男性在团体项目中的表现会优于女性，或者并没有明显的差异？对于这个问题的回答，可以参考“龟兔赛跑”的故事。你有先天不足，并非不可弥补。你有天然优势，未必就能用好。后天如何作为，还是比先天有何优势更为重要。只有在大家付出同样努力的情况下，先天的优势才具有决定性作用。

大概有人会反问：既然女性优于男性，为何人类社会反被男性主导着？这个问题不难回答。因为农业社会是“肌肉男”的天下，工业社会是“理工男”的天下。到了信息化社会，女性的优势正在初步显现。而在未来的智能化社会，女性将对男性取得压倒性优势。事实上，目前女性呈现出的能力与自身的潜力存在着很大的落差，她们被农业时代形成的社会文化对女性的定义或者说对女性的角色定位所束缚，像演员那样按照“剧本”去生活，无意识地遮蔽了自身的光芒。随着生产力的核心要素由体力、智力向情感体验与互动力的转移，女性将改写传统文化对女性的角色定位。

谁说女子不如男？但女性的优势不是去做“花木兰”，而是让团体、社会“春满园”。

FOOTBALL

059

“三基本”得有政策支撑

世界名帅卡佩罗给中国球员“点穴”：基本功不扎实。“基层、基础、基本功”，这“三基础”不牢不深不实，中国足球则难以更上层楼。盖楼，基础得牢，楼越高，对基础的要求越高。树木，根深才可能叶茂。人间的事与自然界的事都是一个理儿。这个道理并不复杂，几乎无人不知，无人不懂。问题在于：再深刻的道理也往往抵不过现实的诱惑。

道理多是管长远的，诱惑却实实在在地摆在眼前。因此，道理要天天讲，可光讲道理又是不够的，还得调整调理诱惑。就是说，既要有道理引领，又要有诱惑导向。

举一个近年足球圈的例子说明一下。恒大进军足坛之初，高举“金元足球”大旗，买名帅，聚名士，平中超，夺亚冠，“金钱棒”舞得金光闪闪晃人眼，一时间风光独占，引得许多投资人争先恐后砸钱罐，搞得媒体与球迷荷尔蒙飙升。每年的转会季，恒大引援都是媒体追逐的热点，不创引援身价新纪录，那等同于恒大运作失败。近两年，恒大猛打方向盘，来了个180度急转变，不再以砸钱为噱头，转向突出宣传培养青少年。先是唱出了组建“全华班”的最强音，然后又弄出了“一条龙”式青训体系。总之，恒大已经彻底退出了一年一度的“烧钱”锦标赛。

如果看看前几年的报道，就会发现恒大当初对“烧钱模式”那是相当自信、十分理直气壮的。比如：他们曾说，职业足球就是这么搞的！就要这么干的！可谓是掷地有声，仿佛引领着中国职业足球发展的正确方向。如今又为何如此勇敢地自我否定呢？因为“烧钱”并没有烧出中国足球的春天，因此不再受待见了；还因为培养青少年才会受到肯定、得到尊重。真正的要害是，政策变了，导向变了。

恒大还是那个恒大，导向一变，恒大的看法与做法都变了。由此可见，干什么、怎么干才会得到实惠起着非常强烈的导向作用。恒大的例子，足以说明，没有正确合理的政策，以及有针对性的具体措施，只靠道理并不能将中国足球导向正确的发展道路。

足球要从娃娃抓起，这个道理至少讲了四十多年了，可是几十年过去了，中国足球依然是“外甥打灯笼——照旧（舅）”。从娃娃抓起，并没有解决足球发展的“最初一公里”。如何从娃娃抓起，把娃娃的啥子玩意抓起，才是关乎“命根子”的问题。中国足球的实践，足以证明，要想真正改变中国足球的状况，光抑制烧钱不行，光有 U23 新政不行，还得有使命引领、政策引导、舆论引导与措施保障。总之，得让有烧钱欲望的人把钱烧对地方，引导欲望之火找到正确的突破口。

那些走捷径的、靠挖人墙脚过日子的、损害中国足球整体利益与长远利益的，得受到谴责，得受到惩处，决不能让他们春风得意、扬扬自得。那些真正扎扎实实埋头苦干的，要得到保护、得到温暖、得到激励，决不能让他们“享受”明枪暗箭、冷嘲热讽。

抓“三基”不容易出显绩，需要耐得住寂寞。正因为如此，作为管理者与政策制定者，则更应该尽最大可能地关爱那些投身“三基”的组织与个人，最大限度地让其在精神与物质两个方面得到激励。尤其要在现实激励与长期激励的结合上出实招出新招。

没有春风暖，何来百花开？没有法纪明，哪有晴朗天？奖也好，罚也好，得有科学标准与具体措施，不能随意而为，不能今天你一个主意明天他一个办法，制定政策也得有“基层、基础、基本功”。中国足球要转向高质量发展，必须有高质量的政策来保障。

FOOTBALL

060

万物霜天竞学习

只有学习，才能进步。

大自然是个生物链，相互竞争，相互供养。竞争归竞争，秩序是很难改变的。比如老虎的霸主地位几乎无法撼动。万物相互竞争，比的是什么？是学习能力。人就是依靠超级学习能力，才从竞争中脱颖而出的。

猴子等动物可以模仿人的某些动作，却不能理解那些动作的目的；鹦鹉可以模仿人的简单语句，但不能领会这些语句的含义。这些简单模仿就是一种学习能力。事实上，万物都有一定的学习能力，蚂蚁学会了造穴，鸟儿学会了筑巢，蜜蜂学会了酿蜜，变色龙学会了伪装，等等，都是低级的学习形态，只是我们称其为进化。动物学会了某种生存技能之后，形成了路径依赖，不“思”进取，所以它们在自然界中的位置就基本不变了。

中国足球奋斗了几十年，一直很努力，从来不进步，最根本的原因就是不重视学习能力，造成想象力与创造力不足。中国足球也和一般动物一样，形成了路径依赖，因此，中国足球在世界足坛的位置也就基本没有变化。中国足球主要有三个路径依赖：依赖外援外教，依赖金钱，依赖过往经验。四十多年来，中国足球花钱可谓一掷千金，球员的身价打着滚地往上翻，世界级的大牌外援外教请了不少，但中国球员的基本功几乎没有提升，中国队的技战术水平也没有明显进步，更谈不上任何创新了。沿着这样的路子继续走下去，中国足球的梦想是不可能变为现实的。

过去，我们看见别人搞职业俱乐部，也就有样学样地弄出一堆所谓职业俱乐部，却并不明白职业俱乐部发展的内在规律；我们看见欧洲球员工资高，就撒着欢地搞发钱竞赛，却不明白球员工资增长的内在逻辑；我们看见别人引进外援外教，就不惜血本地引进外援外教，却没有弄明白引进外援外教的根本目的。现在，我们看见别人青训搞得好，我们又一窝蜂地抓青训，更有一些土豪俱乐部开始砸钱挖“苗子”。这样能得到我们想要的结果吗？答案是否定的。因为我们还是只知道简单模仿，不懂得学习创新。

蜜蜂日日勤奋劳作，因为没有学习创新能力，所以只能世世代代做同样的蜜蜂；蚂蚁经常打群架，因为没有学习创新能力，所以只能生生世世做同样的蚂蚁。我们过去与今天所做的，和猴子模仿人的简单动作一样，无论它们模仿得多么认真与多么可爱，都改变不了其原有的能力与在自然界中的生存地位。

大家都说中国球员不会用脑子踢球，却没有看到中国足球的总病根是不会用脑子发展。什么是用脑子发展？就是通过学习实现创新发展。学习是手段，创新是驱动，提高是目的。赢球的背后，是强大的学习创新能力的支撑。

没有学习，难有创新。学习什么？不是只学习别人的先进经验，不是只学习技战术，这些东西的背后，得有一套支持系统。其中有人生观与足球价值观，懂得为什么踢足球，也就是足球文化；有相关文化与科学知识的储备，特别是足球运动的理论功底，并掌握多种思维方式，也就是智商；有很好的交流沟通的方法技巧，具备团队精神，也就是情商；有心理素质、意志品质的培养训练，也可称为逆境商；有职业精神，比如敬业精神职业道德、职业纪律；等等。总之，要有理想、热情、情操的引领，操守、纪律的底线，基本功的基础，持续学习的保障，以此来实现创新能力的提升。只有创新，中国足球才能发展进步。

FOOTBALL

061

唱响中国足球原创之歌

如果没有原创技术作根基，资本的投入就像夜晚的焰火，耀眼的灿烂过后，便是无尽的黑暗。“拿来主义”是个好主意，止步于“拿来主义”就成了馊主意。

一家企业，没有创新能力，就没有竞争能力，就得看别人的眼色过日子。千万不能以为踢足球主要是力气活，千万不要被C罗铁疙瘩似的肌肉给迷惑。足球运动需要科学，也需要技术。即使要练出C罗式的铁疙瘩，也得讲科学；假如要练成梅西式的绿茵绝活，同样离不开科学。

科学是发展的，技术是不断进步的。足球运动的发展进步，来源于足球运动理论与实践的创新。跟随时可以学习借鉴，赶超则必须有所创新，领先则必须持续创新。

看看中国乒乓球界，从理念、技术，到器材、训练，方方面面的创新都领先世界，所以才有了几十年称霸世界。瞧瞧比利时队在俄罗斯世界杯上演绎出来的足球艺术，那叫一个好看。好看在哪里？新东西多呀！比利时足球出自欧洲而胜于欧洲，如青出于蓝而胜于蓝。老是跟在别人后头有样学样，顶多是个好学生，当不了师傅的。在中国足球一胜难求的背后，是中国足球对世界足坛没有任何示范引领性创新的窘境。中国足球要摆脱世界杯看客的困境，则必须有创新精神与创新举措，唱响中国足球的原创之歌。

何谓创新精神？就是综合运用已有的知识、信息、技能和方法，提出新方法、新观点的思维能力和进行发明创造、改革、革新的意志、信心、勇气和智慧。

学海无涯，艺无止境。足球的玩法是没有穷尽的，创新的空间也是无穷大的，关键是要有创新的意识、兴趣与动力。只要想去创新，能力、方法、方向之类的东西都是会有的。世上无难事，只要肯登攀。

创新要成系统。因为系统会让单项创新的效用倍数化。世界足球远不像乒乓球、百米跑等项目那样已经达到了极高的水平，因而各方面创新的空间都还很大。从理论、体制、管理，到营养、康复、生理、心理，再到技术、战术与文化，都应该有创新的规划与计划。搞足球必须和搞企业一样，有研发机构、研发人才与研发能力，如此才有前途与“钱图”。

创新的源头是实践。善于在实践中发现问题、分析问题，然后千方百计去解决问题，这就是实实在在的创新。创新不是哪一个人的事，也不是哪几个人的事，而是参与其中的每一个人的事。人人都琢磨改进、精益，创新的氛围就出来了，核心竞争力就形成了，常打胜仗也就是自然而然的事了。

当一个团队，创新成为一种习惯，胜利也就会成为一种习惯。

FOOTBALL

062

持续挑战不可能

老百姓有句俗话：一心不能两用。你只有一个大脑、只有一颗心脏，要让你的两只手同时干两件不相干的事情是困难的。我曾经做过尝试，但是没有成功。所以，我认定一心确实不能两用。

直到最近几天，我看了一段视频，直接改变了我的认知。从此我坚信：没有什么不可能，人生就是要持续挑战不可能，中国足球有无限可能。

在这段视频上，我看到一位来自深圳的小男孩，可以把小小的魔方，玩出新颖，玩出神奇，玩出人生启迪。

这个小男孩用三个魔方，玩着魔术师玩的“草帽舞”。新颖的是，他可以在玩“魔方草帽舞”的同时，让魔方的六个面恢复同一颜色。三个魔方在他手上舞蹈，每个魔方在他手上只有瞬间的停留，他能够利用如此短暂的瞬间完成方块的转动，真的是不可思议！

这个小男孩，蒙上眼睛，可以把一个打乱了的魔方，在不到一分钟的时间内，完成六个面的同一颜色。这种玩法，我见过许多人可以做到。真正让我觉得神奇的是，这个孩子可以用双手和双脚同时玩三个魔方。这颠覆了我关于“一心不能两用”的认知，也让我认识到，世上的事，没有什么不可能。

这段视频是一位朋友转给我的。朋友在转发视频的同时，发了这样一句话：因为魔方，中国可能损失了一个天才足球运动员。

朋友的话把我带入足球的世界。足球世界里，最神秘、最宝贵、最性感的东西，大概就是没有什么不可能。热爱足球是不是就是热爱挑战不可能？足球世界里，需要探索、可以挑战的东西，实在是太多太多。或许中国足球最大的问题是：习惯于在确定性的世界里，辛辛苦苦地摸索。老是跟在别人后面，亦步亦趋，这能有多大作为呢？不能在经验世界里有所升华，能有什么惊艳的创造呢？

年轻的英格兰队，在俄罗斯世界杯上，奉献了新颖的角球战术，他们从英式橄榄球中吸取营养，诠释了角球战术的无限可能性。

朝气蓬勃的法国少年姆巴佩，用风一样的速度与皮球的完美融合，再加上激情四射的创造力，生动形象地映射出人类突破时空限制的无限可能性。

比利时人更是演绎了与传统工业足球完全不同的足球，他们把场上11个人的心身有机联结起来，形成了一种神奇的效果：场上11个人像一个人似的，思想一致、步调一致；又像有无数人似的，各显其能，相得益彰；没有中心，中心又无处不在；都是个体，每一个体又是整体的一部分。形成了既让“1”有无限可能性，又让“1+1”有无限可能性的良好生态。

足球世界与宇宙世界一样，我们对它们的了解只是凤毛麟角，需要我们去探索、创造的空间是无穷的。别人做到的，我们可以做得更好；别人没有做到的，我们可以做到做好。而这一切的前提是，敢想敢干。空想、幻想、梦想，通通胜过不想。

我们不是没有能力，中国人不是不能把足球搞好，而是我们的思维习惯限制了我们自己、束缚了我们的创造力。如果要问出路在哪里？我的回答是：挑战不可能，挑战不可能，挑战不可能！

FOOTBALL

063

用好“三大法宝”

搞好足球起码要有三种精神：科学精神、劳模精神与工匠精神。这三种精神是培养足球人才的三大法宝。

科学精神大致上有如下几个方面：

理性精神。追求从经验认识的层面向理论概括层次的持续深化与跃升。没有足球经验的理论概括，就只能在低水平上重复建设。

求实精神。坚持定量分析与定性判断，用事实说话，靠实践检验。学会用数据说话，让事实说话，才能够在足球场上更好地用脚表达。

求真精神。尊重而不迷信权威，追求而不是独占真理，相信我们只能接近真理，而不能穷尽真理。尊重欧美足球，更要立志超越欧美足球。

批判精神。批判性地学习借鉴前人、他人的成果，并勇于接受别人的批判，经常进行自我批判。谁的老虎屁股摸不得，谁就会经常遇上武松。

开放精神。善于引进、消化一切优秀成果，古为今用、洋为中用，他为我用。不开放，再美不过是“月牙泉”；开放，迟早会成为太平洋。

实践精神。离开实践，半点科学精神也没有。科学来自实践，应用于实践，在实践中变得更加“科学”。苦练、巧练、用心比赛，永远是进步的“天下第一泉”。

劳模精神主要体现在以下几个方面：

信念坚定。把足球视为生活、生命的一部分，无论成功与失败，始终初心不改，志向不变，具有顽强意志与坚定行动。

恪尽职守。谨慎恭敬，兢兢业业，一丝不苟，具有高度负责的精神、严明的纪律观念和踏实细致的工作作风。

任劳任怨。吃苦耐劳，不计得失，大局意识强，富有团队精神，能够把自身利益置于集体利益之中，甘做默默无闻的“老黄牛”。

勇于拼搏。敢打、敢拼、敢于胜利，从不懈怠，永不放弃，为百分之一的希望付出百分之二百的努力。

工匠精神重点体现在如下几个方面：

专注。心无旁骛、全心全意地投入足球事业之中。聚精会神才会踢出神来之笔。

精益。持续改进，精益求精，反复琢磨，反复推敲，技不惊人死不休，在足球场上就能“我花开后百花杀”。

淡泊。不为浮名遮望眼，甘坐十年冷板凳。经得住繁华，耐得住寂寞，方可成一代英雄。

华罗庚说过，科学的灵感，决不是坐等可以等来的。如果说，科学领域的发现有什么偶然的机遇的话，那么这种“偶然的机遇”只能给那些有准备的人，给那些善于独立思考的人，给那些具有锲而不舍的精神的人，而不会给懒汉。足球的创新，比赛的灵感，也是给那些具有科学精神、劳模精神和工匠精神的人准备的。

FOOTBALL

064

职业球员的天分在哪里

绝大多数教练都苦于找不到有天分的球员，也有许多球员感叹自己没有梅西、C 罗等世界巨星那样的足球天分，但多数人却没有认真地思考最重要的天分是什么。

的确，有些人在某一方面天赋异禀，刚入门便显得与众不同。比如梅西在足球队里，从小到大都是最出众的那一个，包括身高。当然，梅西的身高不是因为高而是因为矮才引人注目的。梅西能够一直出类拔萃，除了自身的足球天赋以外，还有他异乎寻常的专注、勤奋与精益求精。在青少年队，梅西每天都会加练，经常最后一个离开球场。由此，他赢得了教练的喜爱，时不时地可以吃到教练的“小灶”。坐稳了巴萨的主力，梅西依旧在每一场比赛之后，和父亲、哥哥进行赛后总结，找问题，寻差距，力争在下一场比赛表现得更加完美。脚下技术出众的小个子梅西还专门练习头球射门，以使自己的进攻手段更加丰富、更加全面。究竟是精益求精的精神让梅西看起来天赋过人，还是因为才华天成才令他的球技日益精进？除了梅西本人以外，他人恐怕很难看清楚。但起码可以做出这样的判断，天赋与勤奋珠联璧合，成就了一个独一无二的梅西。

但是，也有些人并不像梅西那样从小就在足球场上绽放异彩。比如，C 罗起初并不被大家看好。在加入里斯本竞技俱乐部少年队的最初几个月里，他常常遭到队友的嘲笑。教练还嫌他过于笨拙，曾经打算把他开出球队。C 罗虽然没有早早表现出过人的足球天赋，却打小就有了对足球的热爱。足球是他形影不离的“朋友”。后来，C 罗回忆说：“我非常容易开心。在圣诞节，在我的生日，我最想得到的礼物都是足球。在那些日子，虽然我们家没有钱，但如果我能得到一个球，我就很高兴。我总想得到手工缝制的足球，因为它们能踢很久。我有自己的球场，是水泥地的，那就是大街。我总是在踢球，有时候还逃学去踢球。”源于对足球的热爱，C 罗总是能够在困难中发现把球踢得更好的动力。他说：“在街上踢球的孩子都比我大，我只有晃过他们才能继续前进，当然他们经常把我推倒或是铲翻，这是一种精神上的挑衅，你不能服软，必须站起来，然后用足球击败他。”面对暴力，C 罗选择的不是以暴制暴，而是琢磨变着花样地过人。由此，他练就了独特的本领——华丽且富有效率的带球突破艺术，也锻造出了永不服输的意志品质。球迷们看到，C 罗在任何一场比赛中，始终做着同样的事情，那就是一次次被对手铲倒，一次次爬起来继续突破。

也有不少球员被公认为是天才球员，前途不可限量，后来却是昙花一现。比如贝斯特就是一位22岁便夺得金球奖的绝代天骄，但他对待足球远没有对喝酒和泡妞那样浓烈与持久的热情。十几杯啤酒和几杯威士忌是每日生活的必需品，一天不喝酒他就过不下去。酒精蒸发了他所有的才华，竞技状态江河日下，不得不离开曼联。贝斯特恶习难改，醉生梦死，穷困潦倒，更被人看见抱着酒瓶在街头裹着报纸露宿，与流浪汉毫无区别。诺曼·怀特塞德也一样。爵爷在回忆录中这样写道："诺曼的才华让我激动不已！"诺曼·怀特塞德被誉为中场天才，却无法抵御酒的诱惑，稍遇挫折便借酒浇愁，每次都是烂醉如泥，最后被弗格森赶去了埃弗顿，27岁时就因身体亏欠太多提前挂靴。

爱因斯坦说过这样一句话："人的差异在于业余。"一件事一旦成了职业，还能够持续对其保持热情的人是稀少的，所以任何一个领域的拔尖人才都很奇缺。一个人真正的天分，极有可能隐藏在那件他闲暇时依然想做的事情上，那件他可以用来抵抗抑郁和不安的事情上，特别是那件持续做了多年还能感受到乐趣的事情上。所以，要知道一名球员有没有天赋，最直观有效的方法是观察他在训练与比赛结束后，对球场是否留恋，在闲暇时间里是否喜爱做与足球有关的事情。如果他乐于享受足球，他就是具有足球天分的。

无数事实说明，兴趣、热情、专注与精益求精的精神，才是最重要的天分。这些品质，有些人似乎与生俱来，也有些人需要一些经历、特别是遭遇挫折才能被激发出来。

FOOTBALL

065

先天与后天哪个定明天

牛顿是个谜，梅西也是。他们的才华与成就，是父母孕育生命赋予的，还是自己“哗哗哗”地流汗造就的？爱因斯坦无论在哪里都会发现“相对论”吗？梅西不去巴萨照样会是世界足坛巨星吗？

长期以来，有许多很牛的人，做过这方面的深入研究。

其中有一个是达尔文的表弟，名叫高尔顿，是英国科学家。1869 年，他出版了《遗传的天才》一书。书中的结论是，即使牛顿生在沙漠里，依然会取得牛顿的成就。就是说，天才就是天生的才华。无论什么样的环境，天才都会脱颖而出。之后的一个世纪，人们对他的结论深信不疑。

一个世纪以后，新的观点出现了。美国早期的心理学家斯金纳和华生等对基因决定论持否定态度，他们认为：环境就是一切。

美国的记者维纳还写了一本《天才地理学》，总结了天才出现的规律。

“美国智商之父”路易斯·特曼，从1921年开始，启动了一项天才跟踪研究计划。他在加州招募了1500名IQ超过135的学生作为研究对象，追踪他们的事业与人生发展轨迹。遗憾的是，这个“天才军团”中大部分人长大后都跟普通人没有多少差别。

1971年，美国心理学家朱利安·斯利坦启动了超常儿童研究项目。他的团队在45年里追踪了约5000名超常儿童的职业与成就，这其中大多数人都取得了大大超出一般群体的超常成就，其中就有“脸书”的创始人扎克伯格和谷歌的联合创始人谢尔盖·布林。在美国，有人说没有这些人就没有今天的世界。

关于人的成就与人生轨迹，源于先天与后天的争论，至今没有结束。否定天赋的存在与证明天赋的存在同样困难。要证明先天就得把后天与先天分离出来。而在现实中，天赋与环境、动机、热情、勤奋等是不可分割的。

美国作家戴维·申克在《天才的基因》中写道：“从受孕的那一刻，我们的脾气秉性、智力和天赋就进入了成长环节。基因本身无法单独决定我们是口若悬河还是笨嘴拙舌，是粗俗无礼还是彬彬有礼，是敏而好学还是脑不开窍，是悲观沮丧还是开朗欢悦，是乐感十足还是五音不全，是身手矫健还是笨手笨脚。每天你都会用各种不同的方式促使某些基因活跃起来，你的生命时时在与基因进行着交互作用。”

关于一个人的潜质，除了先天与后天的争论外，还有“一元”与“多元”的争论。“一元智慧”论者相信，高智商的人从事任何领域都能够与众不同。“多元智慧”论者认为，一个人在这一方面天赋异禀，在另一方面可能表现平平。

在现实中，经常会看到，有的人似乎干什么都高人一筹，有的人只在某一方面灵性十足。比如，有的学生门门功课都优异，有的学生则严重偏科；有的人在什么岗位都很优秀，有的人在某一岗位表现突出，换了岗位则碌碌无为；有的球员可以胜任多个位置，有的球员一旦被换了位置便毫无作为。

目前，比较普遍的看法是，基因的确不是“吃干饭”的，但也只是给人们带来了不同的起点，并不能决定一个人的人生轨迹。一个人的成就与人生状态是由基因、环境、个人努力等诸多因素相互作用的结果。也就是说，梅西如果不到巴萨，就会是另外一个梅西；梅西如果没有超出常人的努力，也不会是今天的梅西。

选拔、培养与使用球员，要看先天特质，但不是以先天特质定生死，而是据此因材施教。

FOOTBALL

066

选材有没有规律可寻

大多数人都认为，足球运动员成才率是比较低的。为什么会如此？因为足球运动需要的是“多元智慧”。它涉及身体、智力、空间、节奏、情感、沟通、意志等多种能力的协同运作。正因为如此，许多足球教练都面临选材上的困难。比较容易识别的，是个体在身体上的差异。身体条件好的球员就相对容易胜出。这也是中国青少年足球队成绩不错而成年队的成绩一塌糊涂的重要原因之一。

选苗子有没有规律可寻呢？

凡事都有规律或概率，足球领域也不例外。人才扎堆出现，就是一个大概率事件。一个家族出人才大多不会是“独苗”，一个地区更是如此。中国东北出后卫与前锋比较多，华中特别是武汉则出中前场球员比较多。这正是基因与环境相互作用的结果。

就个体而言，好苗子有没有共同特征呢？

无论在哪个领域，好苗子都有着一些共同的特征。

强烈而持久的兴趣是首要特征。连哄带吓，什么办法都用上了，他就是沉醉其中、“执迷不悟”。如果你碰上了这样的孩子，那么恭喜你中奖了。好苗子会把主要精力都用在自己喜欢的事情上，不知疲倦地磨炼自己的技艺，长时间地沉浸其中，进入物我两忘的状态。

有创造性也是一个重要特征。不甘于有样学样，时不时冒出些小花样，专注于某项技艺，却不专注于你教的那些技能，这也是一个极好的现象。好苗子，大都好奇，爱动脑子，善于发现问题，经常提问题，喜欢尝试不同的方法。

学得快。别人三两遍学不会的东西，他一学就会；别人一时悟不到的东西，他一听就懂，这也是“天才”的一大特征。好苗子，接受新东西更容易也更快，而且有自我学习能力，能够触类旁通。有些东西，老师讲一遍、示范一次就能掌握；有些东西，不用老师教自己就能理解或掌握。

以上三点第一点是最关键的。现实中，有些孩子非常聪明，一学就会，但凡事三分钟热度，往往难成大器，如果浪子回头，自然是“金不换”，这往往需要大坎大难；也有些孩子，虽然笨拙，却有韧劲，也能够大器晚成。

对于足球之类的团队项目来说，还有一点十分重要，那就是责任感。球队表现不好，是否感到伤心；队友发挥出色，是否为此高兴；自己发挥失常，是否自我检讨；队友出现异常，是否关心鼓励，等等。有责任感的球员才能融入整体，起到正向的化学作用，达到一加一大于二的效果。没有责任感的所谓“天才”，本领越大，对团队的危害越大。

寻找“天才”，重点不是外在，而是潜能。潜能是内在的东西，需要通过惯常的表现来判断。只知道看外在的教练，不是伯乐，而是董卓，不只会害了吕布，也会害了自己。

FOOTBALL

067

八个黄金准则

同样一种松树，长在平原、丘陵、高山或悬崖峭壁上，完全是不同的样貌；有人浇水、施肥、修剪与没有人管理，也会呈现不同的模样。

人的发展也是同样的道理，再好的苗子，没有适宜的环境，没有恰当的培育，都不可能让潜能最合理地变现。

SMPY 团队经过对 5000 名儿童数十年的观测研究，总结出了培育人才的八个黄金准则。这八个黄金准则，不仅适用于天才，也适用于普通人；不仅适用于一般文化教育，也适用于足球教育。

1. 给孩子经历丰富多样的人生体验的机会。

2. 当发现孩子在某些方面兴趣特别深厚，或是能力特别突出的时候，一定要给予其充分自由发挥的机会。

3. 不要只满足孩子智力发展的需求，更要满足其情感发展的需求。

4. 培养孩子的创造性思维。要表扬和肯定孩子付出的每一分努力，而不是他的能力和才干有多高。

5. 鼓励孩子直面危机、接受挑战，去经历失败，并在失败中成长，提高抗挫折抗打击的能力，也就是培养其逆境商。

6. 千万别给孩子贴上“天才”“神童”之类的标签，这样做产生的副作用后患无穷。

7. 家长和教师应该共同探讨孩子的需要。聪明的孩子经常需要更多具有挑战性的学习、更多的学习机会以及更多自我学习的自由。

8. 对孩子的能力做准确的评估与测试。找到强项与短板，有针对性地增强项补短板。

认知心理学更倾向于这样的观点，真正的天才是由后天努力造就的。任何领域的天才都产生于目标导向的刻苦训练。

诺贝尔奖得主赫伯特·西蒙和威廉·蔡斯在研究国际象棋大师的成长规律时，总结出了“一万小时定律”。后来，心理学家安德斯·艾瑞克森将这一研究拓展到医学、文学、音乐、数学、艺术、运动等诸多不同领域，得出的结论是，任何领域的高超技能都是在超过 10 年且不少于 1 万小时的学习训练下获得的（也就是每天不少于 3 个小时）。

当然，同样的能力，有人只需要 1 万小时，有人则需要 2 万小时甚至更多。

中国乒乓球运动员每天训练不少于 5 个小时，他们一般从六七岁开始正式训练，这就是他们在十七八岁就能够向世界一流高手发起冲击的一个重要原因。中国足球运动员每天训练基本不会超过 2 小时，他们一般八九岁才接受正规训练，这就是他们二十三岁还得靠政策保护才能早踢上职业足球的一个重要原因。

遵从八个黄金准则与“一万小时定律”，把量与质搞上去，中国足球才可能出 C 罗与梅西。

FOOTBALL

068

系统训练与因材施教

中国乒乓球运动员接受的训练，质与量双高。中国足球运动员接受的训练，质与量双低。所以，中国乒乓球运动员拿个世界冠军跟玩似的，而世界冠军队则没有愿意跟中国足球队一块玩的。

中国乒乓球的成功，量的保证是基础，系统性与结构化的训练是保障，因材施教是根本。

系统必有结构，合理的结构成就有序运行的系统。大系统中包含着小系统。就系统性而言，足球远比乒乓球繁杂。这里只议球员训练的系统性问题。

训练有目的、内容、方法与时间问题。不同的目的有不同的内容、不同的方法与不同的时间安排，由此构成系统与结构。不同的年龄段，应该有不同的训练目的、内容、方法与时间安排，这才能构成一个完整的球员培养系统。中国足球就缺这样一个系统。每一个教练都有自己的想法，都按自己的想法训练。这样的训练从短期和局部看，似乎也没有什么大问题，越往后暴露的问题越多，突出表现在后劲不足，成才率低。

一个优秀的青少年足球教练，必然从球员发展的角度对训练进行系统性设计，并做出结构性安排。

优秀的建筑，都有好的结构，也要有独特的造型，才能成为一道风景。一个优秀的球员当然要有一个好的知识结构，也要有独特技能，才能在球队这个系统中发挥独特的作用，成为大风景中的一处亮色。要造就一名球员的独特性，就得因材施教。一名优秀的教练，得会做“大锅菜”，还要会做“小炒”。就是说，要做出并实施好统一的训练计划，还得有针对每名球员的个性化训练；整体的训练不能少，专项训练也不能缺；集体的训练不能减，自由的练习要鼓励。优秀的足球教练跟雕塑大师一样，不同的料，用不同的构思与手法，塑造出不同的艺术作品。中国乒乓球队，什么打法的球员都有，到了团体比赛，排兵布阵就游刃有余。这就是系统安排、结构设计与因材施教的结果。

足球运动涉及技术、战术、心理、生理、智力、情绪、协作、饮食、康复、睡眠与运动力学、几何学、组织行为学、信息情报、后勤服务、新闻舆论、品牌塑造、沟通技巧、领导艺术等诸多领域。因此，一名杰出的球员需要掌握的知识、技能不比任何一个领域的杰出人才少。

足球比赛需要球员瞬间做出决策，需要超前预判对手与队友的决策，需要在短时间内分析场上形势做出针对性调整，需要鼓舞与提振队友的情绪与瓦解对手的士气，需要掌握与裁判、球迷沟通互动的艺术。因此，一名杰出球员需要具备的“软实力”比任何领域都要高。

优秀的球员必须具备超强的硬实力与超强的软实力。中国足球界普遍只重视硬实力，忽视软实力，致使中国球员普遍存在“结构性”缺陷，个个都是“带病”上岗，一到重大比赛就发病。球员觉得尽了力，球迷认为不努力，其实是先天“缺钙”造成的。

谁能做到训练上的系统性、结构化与方法上的因材施教，谁就能走得既快又好。

FOOTBALL

069

大数据将改变足球运动

大数据热得烫嘴又烫手，也是西方尤其是美国体育界的“宠儿”。这个东西是经济发展的新引擎，也是中国足球发展的新动能。

足球比赛和打仗是一个意思。打仗有两个战场，一个是正面战场，一个是隐蔽战线。“二战”期间，日本起初牛得很！像美国、英国之类的都被其打得满地找牙。所以，日本的野心越来越大，就闹出了一个珍珠港事件，引发太平洋战争，结果是日本输了。日本败退太平洋，有一个重要原因，就是其密码被盟军破译了。日本的军事部署与军事行动几乎毫无秘密可言，不败那才叫奇怪！足球比赛，情报工作对胜负的影响同样十分重大。足球情报收集相对容易，但分析加工出有价值的东西却比较困难。有了大数据，情况就不同了，它可以破解人破解不了的东西，能够于庞大的信息中发现规律、找出漏洞，并且能给出解决方案。

大数据对足球行业的改变是令人期待的，也是难以想象的。未来，足球比赛在很大程度上，比的是对大数据的应用水平。

有人会说，这纯属瞎掰。人永远是第一位的。这个结论当然没有原则性错误，但是，大数据可以对人做出系统全面的判断。大数据可以分析一支队伍，可以分析队伍里的每一个人，不只可以分析其能力特点，也可以分析其生理与心理状态，可以分析场外因素的影响。大数据对足球发展的影响是我们今天无法想象的。

人类文明发展史，也可以说是一部数的发展应用史。纵观古今中外，人事更替，世事演变，均不能出乎象数之外；渊殊种别，文字语言，万有不齐，唯数足以齐之；宗教俗尚，各有不同，唯数足以同之。在孔子看来，“书不尽言，言不尽意”，所以，圣人以象数尽之。就是说，唯有数可以解释一切，一切的一切又都可以在数的指导下进行构建。可以说，对“数”的认识水平与应用水平，基本决定了一个民族、一个国家、一个行业的发展水平。

现在，欧美已经在棒球、篮球、足球等竞技体育领域广泛应用大数据进行辅助决策。一场比赛，采取怎样的战术策略，上哪些队员，比赛过程中进行怎样的战术调整、什么时间进行调整、怎样进行人员调整等，都要先由大数据给出对策，然后交由主教练进行决策。大数据在决策中的优势越来越突出，在决策中扮演的角色也越来越重要，单凭教练经验作出决策的时代即将结束。

大数据促进日常训练向科学化、精细化发展。有了大数据，可以实现训练的个性化。依据大数据，可以准确判断球员生理机能、技术上的优点与不足，为每个球员制定个性化的体能、技术训练方案，并实时进行效果评估，以修正完善训练计划。同时，运动员的技术动作是否合理、怎样纠正，大数据分析也会给出答案，这就使得训练更加科学更加精细更加精准。

大数据促进选材向科学化、精准化转变。大数据在体育领域的广泛应用，可以发现更多规律性的指标，形成某一竞技运动项目的选材指标体系。什么样的人更适合从事什么样的竞技运动，将不再以试错的形式做出结论，选材的准确率将大大提高。

今后，大数据将与人工智能融合，进一步改变足球运动的面貌。首先，实现模拟演练与模拟对抗。训练将采取“线上”与“线下”两种方式。球员在“线上”预习，然后再到训练场上实训，从而大大提升训练效率与效果。每一场比赛前，都将先进行模拟对抗，从中找到最佳的战术策略。其次，可以对球员心理状况进行诊断，并做出针对性调整。最后，能够分析舆论环境对比赛的影响，进行超前管控与实时应对，保证上场球员以最佳的心理状态投入比赛。

未来，职业足球将变成人机融合的竞争。数据与算法的作用是基础性的，也是人力所不能及的。合作精神与创造力将成为一名球员与一支球队的核心竞争力。主教练的能力将不再是专业能力而是领导能力。

FOOTBALL

070

踢球需要多元智能

足球运动需要的知识与技能，在现有竞技体育项目中是最多的，没有之一。中国要成为世界足球强国，中国球员要走上世界足球之巅，就必须在多元智能的提升上比别人做得更快更多更好。

据相关专业机构研究，人类的能力有六项多元才能和十二项核心能力。

六项多元才能包括：知识整合能力、社交能力、心理素质、团队合作、分析能力与策划决策能力。

十二项核心能力包括：注意力、观察力、记忆力、思维力、想象力、创造力、理解力、语言表达能力、操作能力、运算能力、听觉能力与视觉能力。

我们看，六项多元才能与十二项核心能力，没有一项不是与提高足球运动水平密切相关的。

注意力不集中，比赛中会出现低级失误；观察力、思维力、理解力不强，阅读比赛的能力就不高，反应速度就慢；记忆力不好，学习的效果就差；想象力、创造力不强，就难以制造好的得分机会；操作能力差，技术水平就不高；思维力与运算能力弱，就不能快速决策与准确理解队友与对手的意图；语言表达能力则事关沟通与团队合作；听觉与视觉能力对于足球比赛的重要性更是不言而喻。

由此不难发现，我们的足球训练长期只在“操作能力”上下功夫，正是造成中国足球长期徘徊不前的一个技术层面的重要原因。

怎样解决？

由足球训练向足球教育转变，实现大脑开发与身体开发并重，智力、心理教育与技能训练双保证，家庭教育、社会实践、自我学习与学校教育共同发力。职业俱乐部、相关研究机构、专业足球学校需要围绕多元智能的培育，研究适合足球运动员的教育产品。

无论青少年足球，还是职业足球，都不能放弃文化学习、智力开发与心理训练。几乎所有的足球发达国家，青少年足球都是坚持“三不脱离”的，即不脱离家庭、不脱离社会、不脱离学校。中国的青少年足球也必须回归家庭、回归学校、回归社会，让青少年足球人才在完整的人生环境中去学习、历练、成长。专业的足球学校，必须符合全日制教育标准才能办学。球员进入职业足球生涯以后，应以自我学习为主。但职业俱乐部应当教育、引导、帮助球员养成持续学习的能力，并适当组织团队学习，打造学习型职业俱乐部。

培养足球从业人员的多元智能是中国建设世界足球强国的必由之路。

FOOTBALL

071

以校风带动球风

目前，我国校园足球渐起，足球学校也有不少新行动，但是，学校多并不意味着培养人才多，行动多更不意味着效果好。普通学校也好，足球学校也好，都不是把人“制造”成为精良的“工具”，而是培养具有独立人格与创造精神的人。这需要良好的校园足球文化，以校风带动球风，用人品打造精品，让有文化的球员踢出中国式文化足球。

有什么样的校风就出什么样的学生，此为有目共睹，已不需论证。

中国足球学校应树立起怎样的校风呢？个人觉得，应以“刚毅坚卓”四个字为校训，着力培育“活泼创新、团结协作、严谨务实、精益求精”的良好校风。

“刚毅坚卓”的基本内涵是，性格刚阳、毅力顽强、信念坚定、追求卓越。

中国道家文化尚柔，信奉柔弱胜刚强，虽然儒家文化强调中庸，倡导刚柔相济，但今日之中国，还是阴柔大于刚阳，男生女性化，女生男性化，小鲜肉与野蛮女友成为一种时尚。这种风尚不利于男子足球运动的发展。因此，中国足球学校理应把培养球员的阳刚之气、浩然之气放在首位。

中国人大多性格内敛，行为拘谨，遇到大场面往往心动过速、手足无措，越到关键时刻越容易掉链子。这与欧美人形成鲜明对比。所以，培育生动活泼的校风应该成为重中之重。

创造力是近代中国人的一个短板，工业革命以来，深刻改变人类生产生活的科技发明与理论发现基本上都与中国没有什么关系。足球运动不仅是技术活，也是极其需要创造力的竞技运动，所以，中国足球学校需要大力培养创造精神，培育知识型、技能型、创造型的新一代中国球员。

中国人长期受农业文明的熏陶，受现代大工业文明洗礼的时间太短，尚没有形成团结协作的思维习惯与行为习惯。改革开放以来，中国竞技体育飞速发展，但凡个人项目都有了长足进步，团队项目却徘徊不前，人数越多的项目成绩越差，缺乏团队精神是重要原因。所以，中国足球学校必须在培养团队精神上多做文章。

足球运动需要纵横驰骋、气势如虹，也需要在方寸之间优雅地舞蹈，足球运动的战术变化奥妙无穷、永无止境，这就需要有追求卓越的精神与精益求精的行动。

上述之一切，都离不开严谨务实的作风来落地落实。

如何培育良好校风呢？取得共识是第一位的。从管理者到教练、教师，再到家长要达成一致的认识。有了共识，具体的办法则可以在实践中日益丰富。

FOOTBALL

072

职业足球与专业足球的区别

中国搞职业足球已经二十多年了，但职业足球与专业足球有什么区别，即使是许多业内人士也说不清楚。有人会说，不都是踢球吗？搞不清楚又有什么影响呢？

影响可大了！什么影响？就是钱花了不少，事情总是办不好。

现举例说明一下：

有点岁数的人一定记得，在计划经济时期，我国的大中小城市都有“人民饭店”，饭店的门头上一般都有五个大字：为人民服务。人们进了饭店，饭店是怎么服务的呢？冷面孔、冷板凳、冷茶水、冷菜与冷饭。实行市场经济以后，情况很快就发生了根本改变。人们进了饭店，过去遇到的所有“冷”都变成了“热”。甚至“热”得出乎意料、不太习惯。

专业足球就好比计划经济的饭店。它以集体荣誉感为主要动力，赢球就是目的。运动员拿的是固定工资，与比赛有没有人看、有没有人愿意花钱看没有任何关系。职业足球好比市场经济的饭店，赢球只是手段，吸引球迷，再由俱乐部把吸引来的“注意力”资源转化为有形资产与无形资产才是目的。俱乐部赚钱多，球员的收入才会提高。球员的动力则是“双轮驱动”，一个是集体荣誉感、个人成就感，一个是自己赚钱养家。球员要想多赚钱，就得努力提高个人能力，并努力提高比赛质量，让更多的人愿意花更多的钱来看球与吸引更多的赞助商愿意出更高的价钱来购买“注意力”资源。

中国职业足球改革，就是没有真正弄清专业足球与职业足球的区别，不明白职业足球推动足球运动水平提高的原理，没有建立起符合中国国情的职业足球体制机制，致使举国体制的优势丧失，专业运动队的精神动力弱化，而市场经济的动力机制又没有真正引入，由此造成了中国职业足球“吃的是牛奶”挤出来的是“杂草”的奇异现象。

对职业足球本质的认识不清，造成了中国职业足球体制机制的设计缺陷，因这个缺陷的存在，致使大多数中国职业足球投资人都是“项庄舞剑、意在沛公”。这种状况不改，中国职业足球的健康发展是不可能的。

第三篇

足球兵法

FOOTBALL

073

雄鸡一唱天下白

——足球兵法之“欲擒故纵”

俄罗斯世界杯决赛，法国赢得金杯，克罗地亚赢得“口杯”。法国队一路过关斩将，但比赛踢得的确不太好看，虽然登上世界足坛之巅，并没有赢来赞誉一片。俄罗斯论剑，法国队能够击败一干绿茵高手，成为一代盟主，不得不说得益于一人一计。这一人不是别人，正是主帅德尚；这一计也不新鲜，就是欲擒故纵。

最年轻的法国队出奇地沉稳，就连年仅19岁的“小鲜肉”姆巴佩也老到得猛火烧不熟慢火炖不烂。他们默不作声地在自家院前扎篱笆，冷不丁地向对手门洞里扔石头，篱笆扎得密不透风，“扔石头”的成功率高得出奇。任你是什么门派、何等高手，无一不败下阵来。由此可见，德尚已经把欲擒故纵的理念植入了这个团队的骨髓里。

法国队具备与任何一支强队抗衡的实力，但它就是不和任何一支强队进行硬碰硬的较量，任由对手在中场附近得意地传导；他们具有传控压迫对手的能力，却坚持不秀脚法，任由他人嘲讽，从来不为所动。

你不是脚法娴熟、配合流畅吗？我就给你自嗨的空间与自娱的时间。你不是觉得能力超强，一心占我阵地，急于攻我城池吗？我就放你到我城下，消耗你的锐气与意志。我自城墙高筑，瞅准机会，就用奇兵直捣你的老巢。

“狗急跳墙，兔急蹬鹰。”压迫过大，逼人太急，就会大大激发对手的能量。就像那江水，你越是不给它出路，它越是迅疾凶猛，冲得巨石翻滚；你要是给它一马平川，它反而脾气全无，连一片树叶都掀不翻了。

欲擒故纵，首先你得有实力，能守得住要害，否则就是引狼入室了。此计，“纵”是手段，“擒”是目的。“纵”要有度，“擒”要迅猛。你得有收放自如的能力，你还要有利矛可以将对手一击致命。

不是我没你强大，是我让你自大。在实力不相上下的时候，运用欲擒故纵之计，基本能够立于不败之地。为什么呢？想想看，如果两个连队实力相当，一支筑好阵地防守，一支去强攻，谁输谁赢不言自明！

FOOTBALL

074

最差场面与全取三分

——足球兵法之“瞒天过海”

2018中超第十一轮，鲁能客场挑战天津泰达，以2比1得胜而归。赛后，鲁能主帅李霄鹏直言，这场比赛踢得太差，赢球有些侥幸。媒体与球迷也大都觉得，泰达赢了过程，鲁能赢了结果。也有人说，足球是圆的，赢球需要运气。但是，鲁能赢球，靠的全是运气吗？运气是有，却不全是。

先简单回顾一下比赛过程。上半场，基本上就是攻防演练，泰达主攻，鲁能主防，泰达的控球率更是高达73%。鲁能的进攻很少能够推进到泰达前场，只有塔尔德利获得了一次像样的射门机会，被泰达后卫挡出底线。但是，泰达的射门虽多，却也没有对球门构成多大的威胁。

下半场前30分钟，泰达的进攻依然风生水起，并利用一次点球机会取得领先。前 70 分钟，鲁能就像受“胯下之辱”的韩信，令人觉得不可思议。70 分钟后，落后的鲁能开始发力，攻势渐猛。第 75 分钟，鲁能利用战术角球，由蒿俊敏将比分扳平。第 93 分钟，鲁能获得前场定位球，由吴兴涵头球破门，完成绝杀。

回顾这场比赛，不由令人联想起这样一个战例：三国时期，孔融被围，太史慈计划派人突围求援，他带上马鞭和弓箭，让两名骑士拿着箭靶，开门出城。围城的将士看了大惊，以为他们要突围。太史慈却骑马来到城下的战壕里，让随从树起靶子练习射箭。一连几天，都是如此。围城的人渐渐放松了警惕。这一天，太史慈一大清早就骑上快马，径直冲出包围，等敌人回过神来，他已经跑远了。太史慈的策略被后人称为“瞒天过海”之计，列入《三十六计》之首。

使用“瞒天过海”之计要掌握如下要点：

首先是对手气势正盛。泰达主场三胜一平，保持不败，此战之前已经取得二连胜，而鲁能刚刚二连平，所以泰达有主场拿下鲁能的强烈欲望。此时，避其锋芒，对鲁能则是上策。

其次是戏码要真。前 70 分钟，鲁能被泰达摁在地上，踢来踢去，几乎无招架之功，毫无还手之力，让泰达觉得鲁能不过如此，再加上比分领先，就不自觉地松懈下来，给了鲁能绝地反击的机会。

再次是有后发制人的实力。前十轮，鲁能进了 17 球，丢了 8 球，属于失球最少的球队。泰达进了 16 球，丢了 13 球。鲁能有示弱的底气，也有扭转局面的信心。鲁能换上吴兴涵提升进攻速度，把蒿俊敏推上前场加强进攻组织，都是实现大逆转的关键。

最后是永不放弃的精神。鲁能全体将士在场一分钟拼搏60秒，终场哨声不响奋斗决不停息，才赢得了运气的青睐。

当然，鲁能并非有意让场面如此被动，也不是故意让球迷体会冰火两重天，但是，李霄鹏的教练组后发制人的策略是十分清晰的。“瞒天过海”是用意想不到的行动达到出人意料的效果。险中取胜，敢于冒险是前提。没有过程的险，就难有结果的奇。由于是险招，所以不可常用。

FOOTBALL

075

一方凭啥大胜恒大

——足球兵法之“围魏救赵”

大连万达入主一方，大手笔招兵买马，重新唤起了球迷对大连足球辉煌历史的记忆，也激发了大连球迷对一方足球的美好期待。谁也没有想到，一方在中超竟然一胜难求，牢牢地坐在了副班长的位置上。

更让人意外的是，大连一方中超首胜来得这么迟，又来得这么完美、这么令人惊奇！2018 年 5 月 5 日，中超第九轮，大连一方主场迎战卫冕冠军广州恒大，一方以 3 比 0 完胜恒大。此前，一方 8 战 5 负 3 平，积分垫底。

足球比赛，得中场者得天下，这是共识。但是，兵法上也说：兵者，诡道也。用兵贵在出奇制胜。此役，一方胜就胜在主帅舒斯特尔用兵的一反常态。他使用了非典型性的“六四”模式，前场用三外援加一中方球员，形成强大的火力群，中后场布置了六名防守型球员，加强协同保护。由守转攻时，后场球员坚持直接向前传球，前方球员左中右多点跑动，相互策应，几乎每次进攻都能给对手防线制造混乱。丢球时，前场球员迅速反抢，阻断对手的传球路线，延缓对手传球速度，迫使对方前场球员不得不频频回撤接应，前方的“枪手”不能及时得到“弹药”，良枪由此变成了“烧火棍”，从而让一方城池的压力大大减小。一方通过快速持续攻击恒大城门，守住了自己的城池，最终取得了一场漂亮的大胜仗。

一方此役的战法，正符合《三十六计》中的“围魏救赵”之计。公元前354年，魏国军队围赵国都城邯郸，双方攻守年余，赵衰魏疲。这时，赵国向齐国求救，齐国派田忌为统帅，孙膑为军师，率兵八万救赵。如何救赵？起初，田忌准备直趋邯郸。孙膑的观点是：要解开纷乱的丝线，不能用手强拉硬扯；要排解别人打架，不能直接参与打架。派兵解围，要避实就虚，击中要害。他对田忌说：“此时魏国精锐部队都集中在邯郸，内部空虚，我们如带兵向魏国的都城大梁猛插过去，占据它的交通要道，袭击它空虚的地方，它必然放下赵国回师自救。”田忌听从了孙膑的建议。魏军得悉齐国要攻大梁，果然回师自救，齐军乘其疲惫，在桂陵设伏，迎敌于归途，魏军大败，邯郸之围遂解。后来，此战成为经典案例，被列为《三十六计》中“胜战计”之第二计。

大连一方的“围魏救赵”之计之所以成功，关键在于具备了以下几个要点：其一，对手已呈疲态。恒大亚冠、中超双线作战，损耗较大，加上球员年龄偏大，战斗力正处于低谷。其二，一方八战皆负，净胜球倒数第一，对手自然会产生麻痹思想，必重攻轻守，欲一举拿下，战而胜之，带来后防空虚。其三，一方自身三条线的实力并不均衡，且前场外援的攻击力强于恒大，这种情况下，与恒大对攻，将尽显中场弱点，若是防守反击，又牺牲了自己的前场优势。一方的外援穆谢奎、盖坦与卡拉斯科三人构成的强大攻击群是这一战术成功的基础。其四，一方球员思想统一，奔跑积极，防守强悍，进攻快速，攻防都不拖泥带水。

赛后，广州恒大队主教练卡纳瓦罗赛后表示“非常生气”，他说，球员不重视这场比赛，输球没有客观原因。其实，恒大输球的根本原因是，一方的战术打法让卡帅与他的球员始料未及。

FOOTBALL

076

人和闪电胜恒大

——足球兵法之“趁火打劫”

2018年5月20日，人和主场迎战七冠王广州恒大，开场15分钟就攻入两球，之后，全队众志成城，顶住了恒大的疯狂进攻，力保球门不失，取得了宝贵的3分。

人和前十轮只有6球进账，却丢了11球，应该说矛不利，盾也不够坚。虽然近几轮有零封对手的表现，却是以牺牲进攻为代价的。面对七连冠的恒大，为何能够闪电取胜？

先说两个故事：

春秋时，梁国国君不体恤百姓，整天只顾修造自己的宫殿，生活极其奢侈。因此，民众怨声载道，为逃避过重的税赋，大批难民只得纷纷逃往秦国。秦穆公趁梁国君无道、民心已乱，派大夫百里奚等领兵攻打梁国，趁机灭了梁国，梁国国君被乱民所杀。

1856年8月，太平天国与咸丰政府的军事斗争取得了压倒性优势，能够共患难不能共享福的领导集团却发生了著名的“天京事变”。自建都天京之后，杨秀清居功自傲，欲取代洪秀全。韦昌辉杀了杨秀清，石达开斥责韦昌辉滥杀无辜，韦昌辉又要杀石达开，石达开起兵逼洪秀全诛杀韦昌辉，最后以洪秀全杀了韦昌辉及其亲信而结束。从此，太平军由战略进攻转为战略防御。湘军乘虚而入，虽然洪秀全起用了一批年轻将领，但是仍没有挽救失败的命运。

以上两个案例，兵法上称为“趁火打劫”。意思是趁对手遭遇挫折或出现内耗，实力下降的有利时机，集中力量打击对手，从而化被动为主动，并力求最终胜利。

人和与恒大之战与上述案例有异曲同工之妙。开战之前，恒大的锋线杀手阿兰禁赛，另一杀手高拉特正心猿意马，老板许加印还放出了U23以上球员无非卖品的口风，足协杯失意，亚冠出局，联赛已经两轮不胜，内部损耗大，双方实力对比已经悄然发生了变化。人和抓住机会，趁恒大立足未稳，实施闪电打击，迅速取得领先。

“趁火打劫”的前提是对对手的准确研判，能够发现机会，做到知己知彼。然后就是战术贯彻的坚决，抓住对手的薄弱环节，展开强力攻击，灭对手于立足未稳之时。

FOOTBALL

077

雄鸡大战雄鹰

——足球兵法之“擒贼擒王”

俄罗斯世界杯，高卢雄鸡与潘帕斯雄鹰争夺八强席位，结果法国队以4比3击败阿根廷。高卢雄鸡是凭什么干掉潘帕斯雄鹰的呢?

高卢雄鸡法国队与潘帕斯雄鹰阿根廷队，论实力不相上下，讲风格也有些接近，同属于艺术流。不同的是，阿根廷队的队员多是“老腊肉”，实力摆明处，梅西这个主要火力点更是无人不知无人不晓。而法国队则以“小鲜肉”为主，创造力不低，知名度并不高，相对来说是处于暗处。这本身就让法国队在排兵布阵上获得了优势。而更有趣的是，阿根廷主帅频频把自己的苦恼与用心公布于众，那就是如何为梅西发挥出自己的特点创造条件，以及努力寻找最适合与梅西搭配的人选。

梅西是当今足坛顶尖杀手，他的威力在对方禁区附近才能最大化地显现。既然阿根廷人亮明了以梅西为中心设计战术体系，法国人则以擒贼擒王之计予以应对。通过切断阿根廷中前场球员与梅西的联系，加强对梅西的盯防与协防，让梅西得不到“弹药”，迫使他远离禁区，到中场拿球，然后对其实施围堵与战术犯规，弄得阿根廷人越踢越别扭，越踢越着急。整场比赛，人们很难看到梅西的精彩表现，时常看到的是梅西严肃的神态与无奈的表情。梅西的能力发挥不出来，阿根廷队的攻击力便大打折扣，法国队因此掌握了比赛的主动权。

法国队在有效限制住梅西的基础上，利用小将姆巴佩速度奇快的特点，奇袭阿根廷队的城池。姆巴佩制造了一粒点球，并两次攻门得手，为法国队战胜阿根廷队立下奇功。

杜甫在《前出塞》一诗中写道：“射人先射马，擒贼先擒王。”民间谚语说：“打蛇要打七寸。”足球比赛不可平均用力，抓住了关键人物，则事半功倍。

擒贼擒王之计适用于对付过度依赖球星的球队。实施的关键是找准对方的特点，抑制对方的长处。限制核心球员的发挥是足球比赛的常用之策，但并非都能达到目的，其原因，一是没有分析透对手，二是没有能力去限制对手的发挥。既然是王，当然也就没那么容易擒。不过，只要认准了王，就要千方百计去擒，倘若重点放在拿小卒子上，那更是得不偿失。

FOOTBALL

078

举世围观“内马尔摔”

——足球兵法之“借刀杀人”

俄罗斯世界杯进入四分之一决赛前，“内马尔摔”成了舆论热点，引发举世围观。比利时队成了这场舆论狂欢的受益者。

比利时与巴西的夺“四”之战，算得上是一场准决赛。因为以目前的世界排名，巴西第二，比利时第三，而排名第一的德国早已“回家吃饭”了。

比赛一开始，巴西人便向比利时阵地发起了多次有威胁的进攻，只是运气不佳，未能破门。而比利时则在一次角球进攻中依靠巴西人的“乌龙球”取得领先。领先后的比利时人多次利用犀利的反击，给巴西的城门制造危机，并在上半场将比分改写为2比0。

下半场，巴西人走马换将，调整策略，形成围攻之势。比利时人体力下降，很难再打出有效的反击。在比赛最后阶段，巴西人扳回一球。最终，巴西队以 1 比 2 告负，挥泪告别俄罗斯赛场。

在这场比赛中，巴西人至少创造了四个疑似点球，其中内马尔至少创造了两个疑似点球，但主裁判均未做判罚。如果判罚其中一个，结果也许完全不同。应该说，赛前舆论对“内马尔摔”的热炒，还是对裁判产生了一定影响。

尽管“内马尔摔”的舆论狂欢可能并非比利时人所为，但比利时人还是坐享了“借刀杀人”之利。

借刀杀人是借用第三方的力量来实现自己目的的一种谋略。在这里，“刀”是指某种力量，“杀人”泛指某种目的。这种谋略在战争中、外交中被广泛应用。

在足球比赛中，借刀杀人之计多是运用舆论的力量来瓦解分化对手，或刺激对手产生负面情绪，达到战胜对手的目的。穆尼里奥是运用借刀杀人之计的高手，弗格森爵士也偶尔为之，而温格教授则不屑为之。

借刀杀人贵在隐秘，一旦意图被识破，则会引火烧身，带来被动。所以，弗格森和温格能够在一国联赛、一家俱乐部干二十多年，穆尼里奥则不能。

FOOTBALL

079

英格兰巧破铁桶阵

——足球兵法之“调虎离山”

瑞典队虽然身着黄色战袍，却是俄罗斯世界杯的一匹“黑马”，货真价实的巨人杀手。预选赛，干掉了意大利与荷兰。小组赛，拿下了卫冕冠军德国。16强大战，淘汰了瑞士兄弟。以强悍的姿态、稳固的防守挺进八强。八强争四，瑞典碰上了英格兰。

瑞典人的铁桶阵，搞得各路豪杰无可奈何。英格兰能找到攻城良策吗?

英格兰祭出了“532”阵形，似乎要用“铁桶”来对付“铁桶”。瑞典人似乎对自己的“铁桶”更有信心，他们一反常态，将防线前移，开始尝试压迫对手的感觉。小心谨慎地吃了两口，觉得还好，胆子便大了起来。英格兰人则在后场耐心倒脚，好像被逼得无计可施。此时，在许多人看来，英格兰人在瑞典人的密集防守之下，同样没有什么高招。第30分钟，阿什利开出英格兰人本场比赛的第一个角球，马圭尔一个突然前插，高高跃起，力压福斯贝里，头球攻门得手。至此，英格兰人只获得了两次射门，便取得了一球领先的优势。此后，比赛进入了英格兰人的节奏。第58分钟，英格兰人在瑞典的禁区前沿快速传递，调动对手，突然一个挑传，阿里小禁区内头球破门，扩大了领先优势。最终，英格兰人以2比0完胜对手，终结了瑞典人的“黑马”之旅。

英格兰成功运用调虎离山之计，将“巨人杀手”瑞典就地“正法”。

《孙子兵法》云：“攻城之法是下下策，不得已而为之。”打仗要抢占有利地形，足球防守重在站住有利位置。防易攻难主因是防守方事先占领了有利位置。瑞典人身体强壮，再加上位置优势，强攻则很难奏效。要想以较小的代价换取最佳的进攻效率，则必须把对手从有利位置上调出来，把劣势转化为有限时空内的优势。这就是调虎离山之计。俗话说，虎落平阳被犬欺。老虎一旦失去了山势，就丢掉了大半优势。

足球比赛中调虎离山的“山”，有两个含义：一个是位置，一个是注意力。前者是让对手的兵力部署离开有利位置，后者是让对手的注意力从集中在防守上分散到进攻上，从而达到削弱其防守能力的目的。英格兰人的两粒进球，虽然都不是来自快速反击，但他们通过有意示弱，不像其他强队那样围殴瑞典，调动了瑞典人进攻的欲望，削弱了其防守的兵力与注意力，胜负的天平就发生了倾斜。

“虎”并不傻。调虎离山，难在一个“调”字，贵在一个“调”字。调虎离山之计一般用在实力不相上下的对手身上，或者是急于拿下对手的“饿虎”身上，同时要人为制造假象，让对手高估自己。否则，“老虎”是不会贸然出击的。

FOOTBALL

080

俄罗斯队虎口拔牙

——足球兵法之“暗度陈仓”

俄罗斯世界杯，十六强捉对厮杀，俄罗斯不幸撞上了华丽高贵的西班牙。这是一场强弱分明的比赛。此前，俄罗斯 6 次与西班牙交手，2 负 4 平，从无胜果。大家都觉得东道主这回定是难逃厄运，结果却是俄罗斯队死里逃生，在点球大战中淘汰了志在夺冠的西班牙。观看了这场虎口拔牙实况转播的球迷们，无不为俄罗斯人的表现感到惊讶！

这是一场神奇的比赛！西班牙人完全掌控了比赛，控球率超过了 70%，全场完成了 1000 多次传球，竟然颗粒无收，但并不妨碍西班牙早早确立了领先优势。开场不久，西班牙开出定位球，伊格纳舍维奇在与对手争抢中同时倒地。扑倒在对手身上的伊格纳舍维奇习惯性的一个“蝎子摆尾”，皮球恰好砸在他小腿上弹射入网，创造了世界足球史上最神奇的“乌龙球”。这个“乌龙球”与其说是帮了西班牙，不如说是成就了俄罗斯。一球领先的西班牙更加沉醉于自己中看不中用的传控表演。

上半场临近结束，俄罗斯开出角球，西班牙人禁区内手球，被判罚点球。俄罗斯人抓住机会，将比分扳平。此后更加专注于防守，一直把西班牙人拖进点球决战。此时，实现了战前意图的俄罗斯人士气大增，没有把俄罗斯人视为劲敌的西班牙人则一脸沮丧。结果，全场被动的俄罗斯人笑到了最后。

俄罗斯人深知，用正面进攻、常规手段是拔不下西班牙的。胜利之希望转化为现实的基础是防守，提高防守成功概率的首要策略是麻痹对手，最有利的局面是进入点球决战，最浪漫的结果是运气来袭。俄罗斯人的策略就是奔着点球决战来设计的。

俄罗斯人以岌岌可危的抵抗，换来西班牙人从容不迫的进攻，达到了暗度陈仓的目的。西班牙人不只死在俄罗斯人的顽强抵抗上，更是死在自己的从容传导上。

让对手着急上火是一种策略，让对手不温不火也是一种策略。暗度陈仓之计成功的要点是，让对手误以为我们已经黔驴技穷，其实我们是意不在此。

暗度陈仓与声东击西有颇多相似，都是示之以正，攻之以奇；不同的是，声东击西是隐藏攻击意图，暗度陈仓是隐藏战略意图。

FOOTBALL

081

惹不起的下半场

——足球兵法之“后发制人”

历史上，秦晋淝水之战等著名战例，都是双方强弱不同，弱者先让一步，后发制人，因而取胜。马加特执教鲁能时期，就经常采用这种策略，取得了不错的战绩。

马加特执教鲁能第二个赛季的上半段，鲁能常常是上半场被动防守，下半场展开攻击，江湖上一度流行“下半场的鲁能惹不起”的说法。上半场，马加特多用金敬道等一干体能好、抢截能力强的球员加强防守，尽量不失球或者少失球。下半场，马加特则换上吴兴涵、刘彬彬等速度快的球员，突击对手的两个边路，搞得对手的防线狼狈不堪，一般都能攻破对方城池，收获 3 分。后来，媒体与球迷朋友们说，上半场太让人提心吊胆，为什么不让吴兴涵与刘彬彬首发呢？能不能上半场就进球呢？不知道马加特是从谏如流，还是他老人家觉得自己的球队实力增强了，反正他开始调整策略了。有时让吴、刘同时首发，有时其中一人首发，结果却是胜率一路下滑，那支下半场惹不起的球队慢慢不见了。

后发制人，多是弱势一方采取的策略。要害在于让精兵养精蓄锐，俟机攻击疲惫之敌，变弱势为强势，由被动转主动。这正是“敌进我退、敌疲我打”的游击战法。

球员都想首发，教练也喜欢说谁的状态好用谁，但胜利可不取决于你是否让最好的球员首发。如果你不是实力远胜对手，一上来就精兵尽出，后头就没有牌可打了。好钢要用在刀刃上，这才是用兵之道、取胜之道。替补并不等于非主力，首发也不一定就是主力。主力有时候打先锋，有时候也当奇兵。

江湖上也流行过“下半场的恒大惹不起”的说法。但恒大的“惹不起”与鲁能的“惹不起”不同。恒大当时在中超处于强势地位，他们有能力与对手打消耗战。下半场对手“弹尽粮绝”的时候，他们依然火力充足。所以，下半场的恒大不仅惹不起，而且可以实现“最低消费”。鲁能没有恒大那种绝对的实力，当它也与对手拼消耗的时候，情况就不同了。自己拼到几乎“弹尽粮绝”时，对手可能还有一定的火力，自然也就难以取胜了。

先发制人，更适用于强势的一方。一旦得手，往往能摧毁对手的意志。即使不能得手，也可以和对手打消耗战。弱队能不能先发制人呢？当然可以。弱队后发制人是“正”，而先发制人则是“奇”。所以，只能偶尔为之，不可常用。遇上骄兵与疲兵，用先发制人之策，往往能够取得奇效。

FOOTBALL

082

“贾学习”与真抢分

——足球兵法之“笑里藏刀”

在中超，贾秀全教练被称为“贾学习”。因为他每每在比赛前，都会说对手如何如何强，自己如何如何弱，表示自己球队的任务就是向对手学习，暗示自己没有战胜对方的能力和欲望。

可是，双方一交手，人们就会发现，贾秀全教练的球队，那是明枪暗箭一起上，什么样的招法都有。任凭你是怎样的强队，想在贾秀全的队伍身上拿分，都是难上加难。即便拿到分数，也得付出惨重的代价。“贾学习”那是真抢分，而且是如狼似虎。

表面上言辞谦卑，暗地里磨刀霍霍，这在兵法上叫作笑里藏刀。贾秀全教练靠着这一招，行走江湖，也能够把花钱不多、实力不强、以保级为目标的球队变成“专治各种不服”的队伍。虽然保级路上如走钢丝般惊险，却大多能够平安落地。

笑里藏刀，笑在明处，刀在暗处。笑的目的就是让对手轻视自己，最好是压根瞧不上自己。这个时候，下刀就比较容易，得手的概率就大大提高。笑里藏刀，你得有刀可藏才成。对手再怎么大意，你弄出一把纸糊的刀，管什么用呢？贾秀全就有两把刀，一把是尖刀，就是快速反击；另一把是砍刀，就是定位球。他这两把刀虽然不在上乘之列，但打对手一个冷不防还是管用的。

人们说："吃一堑，长一智。"贾秀全教练的笑里藏刀为何屡试不爽？一是他的球队实力是真弱；二是他的球队常胜之不武；三是他的学习也不是全假。所以，强队大都把拿不下他的球队视为偶然，很难从内心深处吸取教训，思想上与措施上往往都做不周全。当其他球队吃亏吃得多了，贾秀全教练的这一招也就慢慢不灵了。

笑里藏刀的前提是自己真正处于弱势地位。要是巴西队和中国队过招，巴西人说是来向中国队学习的，那就太假了，没有人会信。不过，巴西人可以说，我们来主要是玩儿，顺带着踢个比赛，赚个旅游费与购物费，这个估计是有人信的。如此看来，"藏刀"也不只是"笑"这一种方法，只要肯动脑筋，"藏刀"的方法也是没有穷尽的。

笑里藏刀，重点是"笑"得恰当，过了反而会引起对手的警惕，欠了又起不到理想的效果。反过来看，但凡是赛前谦虚有加的对手，都是不太好对付的，如果不格外重视，吃亏总是难免的。"笑面虎"是最难对付的。

FOOTBALL

083

“老狐狸”与“郝大炮”

——足球兵法之“李代桃僵”

“老狐狸”米卢与“郝大炮”郝海东在江湖上的恩恩怨怨，也算是中国足坛的一段佳话。当然，如果米卢未能把国足带进世界杯，恐怕就会成为笑话。

米卢时期的国足，应该算是比较强的。那一茬球员，大多有特点、有个性。其中有两位代表人物，称号“北郝南范”。这“北郝”就是有“郝大炮”之称的郝海东，“南范”就是范志毅“范大将军”。俗话说，一山难容两虎。这两位在一支球队里，团结就成了问题。要说有什么大冲突、大矛盾那也不是，就是内心不服。内心不服就有各种看不惯。这两位爷一前一后，而且“范大将军”还能前能后，少了谁都是国家队的一大损失。所以，这两位不能形成合力，就成了主教练头疼的大事。这个问题始终存在，但一直没有人可以解决。直到“老狐狸”米卢执教国足，才拉开了解决问题的小幕布。

米卢是怎么干的？他把中国第一前锋郝海东给开出国家队了。郝海东是怎么应对的？他架起了大炮，向着米卢猛烈开火。一时成为舆论热点。后来，有关方面用了各种方法，从中斡旋，最后利用大连球员李明的婚礼，使米卢与郝海东达成和解，让郝海东重返国家队。之后，郝、范两人多次在公开场合示好。不管他们是“秀”也好，是“真”也罢，反正是国家队首次打进了世界杯，一切也就成为美好的样子。

米卢的办法，在兵法上称之为“李代桃僵”。什么意思？就是为了整体利益、长远利益而牺牲个人利益、现实利益。如果你还想详细了解，可以去看看中国的戏剧经典《赵氏孤儿》。米卢牺牲掉看似国家队不可或缺的第一前锋郝海东，可以大大增强自己在球队中的权威，从根本上扭转团队凝聚力不足的问题。虽然暂时影响了球队的攻击力，但这种取舍是值得的，对长远是有益的。

用好李代桃僵之计，一要看得准。牺牲什么，可以换来什么，必须看得清楚明白。二要有勇气。许多事往往难有万全之策，有些牺牲是必需的。有舍才有得的道理好懂，但当断则断却极难。所以，将帅必有冒险精神、担当精神。

米卢满脸盛开菊花，但菊花的笑意里有严霜的冷光。米卢拿下郝海东，不是杀鸡给猴看，而是打虎给猴看。这才是高手出招！这才是有勇有谋！这才配得上“老狐狸”的名号！

FOOTBALL

084

重庆斯威天津扬威

——足球兵法之“田忌赛马”

俄罗斯世界杯后，中超重燃战火，重庆斯威主场迎战亚泰，不幸在家门口落败，跌进保级行列。接着客场挑战天津泰达，如若不能取胜，则更加被动，但要在津门虎口里抢得 3 分，又谈何容易！

是役，重庆斯威用了“田忌赛马”之计，不仅收获了宝贵的 3 分，而且基本上没有让泰达获得上好的射门机会。所谓田忌赛马，就是在三局两胜的赛制中，用自己的第一主力去对付对方的第二主力，用自己的第二主力去迎战对方的第三主力，用自己的第三主力去拼对方的第一主力。最后，以两胜一负，赢得全局的胜利。

足球比赛有左中右三条线，与田忌赛马的情形有些类似。所以在排兵布阵上，比较适合借用田忌赛马的策略，变整体的弱势为局面上的优势，用小的损失换最终的胜利。但是，足球比赛又与赛马这种一对一的较量有所不同。所以，在应用中又要有所变化。这就需要注重发挥整体的作用，相互之间可以随着对手的变化灵活换位，相互支援，相互保护，保持在关键区域内的优势地位。

田忌赛马的策略主要适用于球队实力比对手稍弱但并不悬殊的球队。如果差距太大，你的第一主力还不如对手的第二主力，第二主力也比不过对手的第三主力，再使用这种策略就是白费心机了。这种情况下，就得另谋良策了。

田忌赛马的策略，可以从整体上谋划应用，也可以在个别球员、某一区域或某一时段运用。比如，可以用相对较弱的球员专门盯防对手的核心球员，可以在某一区域集中兵力实施“暴击”，可以用精兵强将攻击对方状态不佳或出现疲态的队员，可以用速度快的球员去突击速度慢的对手，等等。其中最根本的原则是，用自己小范围的失衡去换取对手较大范围的失衡。实力不足的情况下，必须放弃均衡的想法与行动，否则，必然是满盘皆输。

田忌赛马之策的实施有两个要点，一是赛前调研判断，对敌我双方的评估要力求准确，做到有的放矢；二是赛中分析，要及时发现对手的弱点，适时采取有针对性的措施。总之，就是要努力扬己之长、克敌之短。

FOOTBALL

085

鲁能逆转亚泰

——足球兵法之“上屋抽梯”

在战争中，所谓上屋抽梯之策就是人们常说的诱敌深入，切断后路，关门打狗。历史上经典的案例，就是孙膑减灶骗庞涓。

绿茵场不同于战场，又该如何应用上屋抽梯之策呢？首先是让对手攻得尽兴，大举压上，在防守上有所放松。在战争中，需要诱骗敌人出击，而在绿茵场上，可以故意示弱，也可能真的就是顶不住对手。不管是哪种情况，只要是形成了“上屋”的事实，就具备了“抽梯”的客观条件。怎么“抽梯”呢？就是在本方重新获得球权后，立即将球长传至对方腹地，早有准备的速度快的球员迅速出击，再由本方球员阻挡对方最有利于追击的球员，瞬间完成攻防转换，以“骑兵”攻陷对手城池。

有人说了，这不就是防守反击吗？转什么“上屋抽梯”呢！

没错。这的确是防守反击战术。但是，上屋抽梯之策侧重于在以下两个环节中应用。其一，对方完成攻门，皮球被守门员得到。此时是双方最容易松懈的时刻，如果你仔细观察，就不难发现，此刻双方球员无论是神态还是身体都会一下子放松下来，这正是此策实施的绝佳时机。其二，对方主罚角球或定位球，皮球被本方获得。此时，对方的后防中坚大都在我方禁区，对方后防空虚，亦是实施这一策略的大好机会。

在战争中，实施这一策略的难度主要在引诱敌人“上屋”，敌人只要“上屋”，就比较好收拾了。在绿茵场上，对方一般会主动“上屋”，所以难点主要在“抽梯”。如何“抽梯”？核心还是要麻痹对手，实施突然袭击。如果你每次拿到球都是一个套路，对方就会保持警惕，突然性就丧失了。这就需要场上球员审时度势，抓住最有利时机，坚决迅速地向对方城池发起攻击。另外一点也很重要，就是要有人干扰阻击对方的回防球员，掩护本方进攻球员，达到“断其援应、陷之死地”的目的。

2018 年 7 月 21 日，鲁能作客长春挑战亚泰。上半场，鲁能场面被动，一球落后。下半场开赛不到 4 分钟，守门员王大雷一个长传，塔尔德利快速突击，亚泰后卫将皮球踢出界外。鲁能快发前场边线球，塔尔德利传中，佩莱头球破门。补时阶段，又是亚泰进攻，王大雷得球，手抛球发动进攻，鲁能两匹快马同时启动，形成单刀，直插禁区，守门员无奈之下扑倒塔尔德利，被裁判处以“极刑”。这场比赛，鲁能两次实施上屋抽梯之策，均给对方球门形成致命威胁。

FOOTBALL

086

马儿啊你慢些走

——足球兵法之“关门捉贼”

如果说，上屋抽梯是不让老虎归山，关门捉贼则是不让老虎出山。

在战场上，关门捉贼有三个要点：一是对于弱于我方的敌人，一定要围而歼之，不能让他们跑掉；二是对于强于我方的敌人，不能全歼，放跑一部分也是一个好的选择，硬吃对手损失会太大；三是敌人逃跑了，一般不要轻易追击，因为如此会让自己失去有利地形，也可能会遭到敌人的埋伏。

绿茵场上的关门捉贼与战场上的关门捉贼有所不同。战场上是敌我双方的关系，绿茵场上是敌、我与足球三者之间的关系。战场上的任务是消灭敌人，绿茵场上的任务是控制足球，争取不让对方将球踢进我方球门，并争取把球打进对方球门。所以，在战场上围歼的“贼”就是敌人，而在绿茵场上要捉的“贼”则是足球。这里“围”的重点不是对方球员，而是足球。

在绿茵场上，“屋”或者“院子”就是对方的禁区与前场，当进攻推进到禁区及其周边区域后，就不能轻易让足球离开这一区域，除非完成攻门或出界。“关门”的目的，一是捉“贼”，也就是进球，一下子可能捉不住，就是力争围住了，抓反复，反复抓。二是尽力不让“贼”逃出去，而一旦让它逃出来，对方就很容易形成反击，带来局势的反转。

关门捉贼的关键是“关门”。在足球比赛中，我们经常看到，当进入阵地战时，双方球员大多挤在禁区之内，你拉我拽，互不相让，最终的结果大多是防守的一方将球解围，到时候还会形成有效反击，甚至攻破原攻方的城池。造成这种结果的一个重要原因就是，进攻一方只重视“捉”而忽视了“围”，也就是没有把“门”关好。

没关好“门”的原因有以下几点：

第一，对“门”的认识存在问题。这是用好关门捉贼之计的首要问题。对方的禁区有几个门呢？大家可能都认为这是一个十分幼稚的问题。显而易见只有一个门嘛！但是要关门捉贼就要看到不同的门。有我们看得见的“堂屋”的正门（球门），有禁区前“庭院”的前门，以及左右两侧的两个偏门，在中场附近还有一个“午门”。许多人看不到“正门”之外还有四个“门”。

第二，无人关门看门。这是由第一个问题带来的。进攻球员多数只知道往正门（球门）附近挤，乱作一团，一方面把正门给挤死了，皮球已经很难再挤进去了；另一方面，其他几处门又没有人照看，很容易让“贼”（皮球）给跑了。我们常说，要抢第二、第三落点。为什么抢不到？布阵有问题。有的地方人多窝工，有的地方又没有人干活。当然，许多球队为了避免被对手打反击，一般会在“午门”放上一两位速度快的球员。这自然是必要的。但皮球到了“午门”的时候，就马上面临“斩首”了。

第三，急于攻正门。攻陷正门当然是最终目的。但是，要知道对方集中兵力保护的也是正门。这个时候，曲径才能通幽。许多球员不懂得这个道理，目的太直接，手段太单一。甚至有的球员面对对方的“长城”硬突愣打，将球权拱手让出，不仅不能自己得手，还让对手成功突围，并顺势打出极具威胁的反击。

足球比赛的阵地战是比较难打的，最考验攻方的智慧与能力。攻城战最好是内外并举。内要有尖刀，可以一击致命，外要严丝合缝。一旦让对手突围成功，则极可能形成“偷鸡不成反蚀把米”的局面。所以，关好门是至关重要的。关门捉贼，一定要把关门放在首位。一时捉不到“贼”没有关系，以后还有机会，但一定要防止让“贼”偷袭得手。

FOOTBALL

087

唯一一场 0 比 0

——足球兵法之“隔岸观火”

法国队能够在俄罗斯世界杯上捧得大力神杯，主教练德尚居功至伟。没有他的老谋深算，年轻的法国队很难笑到最后。

俄罗斯世界杯小组赛，几乎场场都有进球，唯有一场比赛踢成了 0 比 0。这场比赛的一方是法国，另一方是丹麦。法国队的反击效率极高，怎么在这场比赛中失灵了呢？因为他们在踢“默契球”。此时，两队已经稳获出线权，谁都不愿再消耗自己的战斗力，彼此心照不宣地“应付”比赛，看着自己的竞争对手们相互残杀。他们玩的正是隔岸观火之计，也叫坐山观虎斗，还有一种说法叫作“鹬蚌相争、渔翁得利”。隔岸观火之后，就可以趁火打劫，从而坐收渔翁之利。

像世界杯这类赛会制的赛事，比赛间隔时间短，并且强队林立，保持良好的体能就显得越发重要。而且，球员的伤病、红黄牌等许多因素都有可能影响到比赛结果。所以，根据不同形势，针对不同对手，制定不同的策略，以最低的投入取得理想的结果才是上策。只要条件允许，就应该降低投入。

要隔岸观火，得有“岸”可据才成。法国队两战两胜，为最后一战减少投入奠定了基础。而像比利时、巴西等队，则对比赛缺少系统筹划，准备不足，均在小组赛最后一场比赛中形成了背水一战的局面，大大增加了战斗消耗，带来了后续比赛的被动。

隔岸观火，不是一种战术，而是一种战略谋划，需要对赛事有全局性的考量与谋划，做到了然于胸，不能一赛一议，不能左右摇摆，更不能打到哪算哪。要通盘考虑、系统施策，并能够随机应变。所谓谋定而后动。

要做到隔岸观火，切忌“司马昭之心路人皆知”，需保持低调与耐心，不要虚名，不图形式。耐得住寂寞冷，才能在百花散尽时，独自在丛中笑。

隔岸观火与借刀杀人有异曲同工之妙，又不完全相同。借刀杀人重点是改变他人的态度，隔岸观火则重点是自己争取有利位置。

088

C 罗的“踩单车”

——足球兵法之“无中生有”

“踩单车”是 C 罗在绿茵场上的标志性动作之一。“踩单车”这个动作，让球迷看得眼花缭乱，十分过瘾。但是，球员在比赛中“踩单车”，不是给球迷看的，而是给对手看的。他让防守球员看得眼花缭乱，以达到欺骗对手带球过人的目的。

这类策略在兵法上称之为“无中生有”。在这里，“无”也可理解为“假”或“虚”，“有”也可理解为“真”或“实”。“无”是欺骗对方的假象，“有”是假象掩盖下的事实。就是先假装没有如此这般的意思，使对手不做准备或做出错误的准备或行动，突然就如此这般地干起来，让对手猝不及防或来不及调整。这是一个由假变真的过程。

老子说，无名天地之始，有名万物之母。无在前，有随后，有无相间，变化无穷，其妙无穷。在足球场上，随时随地都可以运用“无中生有”。

在技术层面上，有各种各样的假动作，如假传真射、真传假射，假传球真突破、假突破真传球，假左实右、假右实左，假堵实抢、假抢实堵等。

在战术层面上，有各种欺骗性的穿插配合，如假回撤真前插，假前插真回撤；假跑位接应，实为调动对手，为队友拉开空当；假装要去触球，实则故意“漏”给位置更好的队友；在主罚定位球时，假装与队友做配合，实则直接射门，或者反过来，假装直接攻门，实则与队友配合；等等。特别是在定位球的战术设计上，可以制造千奇百怪的假象，迷惑对手，获得主动。

在战略层面上，同样可以制造各种假象，如可以像法国队在俄罗斯世界杯上那样，有实力控制球，但装作无力控球的样子，引诱对手压上，再利用自己的速度优势打反击；可以在大部分时间退守的情况下，突然之间大举压上，让对手一时难以适应；可以在退守过程中，突然展开局部领域的协同逼抢，使对手乱中出错。

“无中生有”实质上是智力比拼，是绿茵场上的“脑筋急转弯”。技术好是保障，脑子活是根本。

FOOTBALL

089

一场延期比赛的背后

——足球兵法之“以逸待劳”

2018 年 7 月 25 日，中赫国安与上海上港在足协杯赛场展开争夺前四名的决战。赛前，上港以逸待劳成为京城媒体热议的话题。

此话从何说起？因为上港与恒大之间在上周末有一场联赛，因台风来袭而延期进行，而中赫国安与天津权健的比赛则照常进行，这样一来，上港避免了一周双赛，形成了以逸待劳的优势。

像上港这种以逸待劳之计，不是太好用。毕竟台风不是经常来袭，老天爷不会总是配合你的意图。不过，在你自己可控的范围内，还是有一些以逸待劳的文章可做。这里略举几例：

科学安排行程。同到一地比赛，谁在路途中的消耗少，谁就有了以逸待劳的相对优势。另外，提前多长时间到达比赛地，也大有讲究。到的过晚，对方就以逸待劳；到的太早，你自己也可能“逸”过了头。

适当轮换球员。一名球员水平再高，没有体能作保障，也会变“水”。在赛事密集的情况下，从战略上统筹谋划，对球员进行适时适当轮换，则可以形成以逸待劳的优势。只靠一套阵容打天下，一般笑不到最后，主因就是没有发挥好以逸待劳的优势。总有人习惯拿“板凳”厚度说事，觉得自己不是不想轮换，而是无人可轮换。但是，“板凳”厚度是用出来的。不用，再厚的“板凳”也将变成废物。

做好恢复调整。“逸”与“劳”都是相对的。同样多的比赛，谁恢复调整工作做得精细精准，谁就可以获得相对的体能优势。

保存精兵良将。适当保留突击能力强的精兵良将，等对手体能消耗到一定程度后，再替补出场，也能取得以逸待劳之效。

对以逸待劳这种策略的理解不能停留在表面，而是要深刻地认识到，这条计策的精髓是提高投入产出的效率，让对手多消耗，自己则尽量减少消耗。这就要通过战略、战术、技术与智慧实现效率的提升，有效地调动对手消耗对手，掌握主动，达到低投入高产出的目的。当然如果智慧与技术不够，就只能靠体能来凑了。

在足球比赛中，不是传球次数多，结果就一定好。而是传得合理，才能把控球优势转化为比分的优势，无效的传球只会浪费体力与精力。也不是跑动多就一定效果好，而是跑得巧，效果才好。不会跑而乱跑，到了关键时候，反而跑不过对手了。当然，如果你传球快又好，跑动多又巧，自然是胜券在握了。

兵法上讲，以小动对付大动，用中心支配四周。这就是运用以逸待劳之策需要把握的基本原则。

FOOTBALL

090

绿茵场上的八路军

——足球兵法之“声东击西”

“八路，狡猾狡猾地，声东击西地干活！”在抗日影片中，经常有类似的台词。的确，当年八路军在抗日战场上，经常使用声东击西的策略，搞得日军十分头疼，所以，日军恨八路恨得牙根疼。

声东击西，就是在这一处佯动，让敌人作出错误判断，把敌人的兵力与精力调动过来，集中兵力向另一处实力相对较弱的敌人发起突然攻击，以闪电战歼灭敌人。这是以弱胜强的重要策略之一。

在足球赛场上，几乎每场比赛都有声东击西的情况发生。比如，在一侧进攻的球员，发现对方的另一侧出现空当，而自己的队友正处在有利位置，便会突然将球转移过去，形成了声东击西的事实。

不过，其中多数情况，并不是事先有了声东击西的设计，而只是球员临场的一种应变，是个人能力的体现。更多的情况是，球员按照事先的部署，摁着对方相对薄弱的环节一味死打。对方球员已经被调动过来，以优势兵力展开防守，而另一侧已经出现了大片开阔地，也有队友准备跑位，甚至有队友在那里不停地做动作示意要球，但进攻球员依然是低着头在狭小的区域里传导，直到丧失球权，搞得本方球迷齐声叹息。球员死打一侧的情况在中超表现得尤为突出。他们往往死盯着本方能力比较突出的球员、主要是外援，即使另一侧自己的队友孤零零地站在无比空阔的另一侧，也不肯把球转移过去。

投入重兵，攻击对方实力较弱的一侧，这是惯常的做法。在实战中，又要灵活施策。如果有机会，就坚决突击这一薄弱环节。如果对方球员已经集中到这一侧，形成了优势兵力，这里就不是薄弱环节了，此时就应该迅速将球向另一侧转移。即使在另一侧不能得手，也可以调动和消耗对手。这就是由击东突然转向打西。有时候，也可以故意在表面上集中优势兵力，攻击对方实力较强的一侧，在有效调动对手之后，迅速将球转移到另一侧。这一方面能够压制对方的进攻，另一方面可以使对方弱的一侧更弱，从而更有可能得手。声东击西，关键是做到虚虚实实、真真假假，不断变化。球员要做实在人，但不能踢实在球。足球场上，可以击东打西，也可以声东击西。

足球比赛经常爆冷，一个重要的原因就是场地大，能够通过虚实之变调动对手，实现局部区域、特别是关键区域双方实力强弱的转化。适时准确地将球转移到对手人员较少的区域，是传球的重要原则。声东击西是一条最有效的比赛策略。

能够发现并利用好对方的漏洞，属于一流的球员；能够调动对手，令其出现漏洞并利用好这个漏洞，则属于超一流球员。能够称得上中场“发动机”的球员，就是一流球员；如果一名球员既是“发动机”，又是“调度机”，那就是超一流球员了。要成为超一流球员，脑子里就得有声东击西的意识，学会“声东击西地干活”。

FOOTBALL

091

不知深浅先试探

——足球兵法之“打草惊蛇”

兵法上强调，疑而叩实，察而后动。敌情不明时，不可贸然行动，必须得摸清情况，谋定而后动。可是敌人隐藏得很深，没办法事前侦察清楚，该怎么办呢？先试探性地攻击敌人，使其暴露目标与火力，然后再制定措施，采取行动。这就是“打草惊蛇”之计，有时候也被称为火力侦察。在战争类影视剧中，作战部队在行进途中，都会派出小股先头部队，或者用机枪向前方的山林进行扫射，用的都是打草惊蛇之计。

在足球比赛中，用得上打草惊蛇之计吗？虽然现在信息技术已经“牛”得不行不行了，但打草惊蛇依然是临战状态下进一步完善信息、调整战术的方法之一。不仅战争中需要，足球比赛中同样需要。

在绿茵对决中，有时候会碰上一些遭遇战。要么是双方从来没有交过手，要么是已经很长时间没有交过锋，要么是对方的出场球员与打法都发生了很大变化，尽管已经根据各种信息资料，做了充分的分析研判，但毕竟没有经过实战检验，心里还是没底。这时候，打草惊蛇之计就派上用场了。另外，有些老对手，尽管经常碰面，但这家伙多变善变，一时吃不准这一次会如何出牌，此时，打草惊蛇之策也可以派上用场。

“比赛已经进行了五分钟，双方都有些忌惮，踢得很谨慎，大家还在相互试探。”足球解说员经常会用此类语言来描述比赛场面。这是不是说，足球比赛中经常运用打草惊蛇之计呢？事实并非如此。解说员所说的相互试探，有些是在用打草惊蛇之计，有些则不是。许多情况下，双方都不想率先出牌，都希望对方先出。为何都希望对方先出牌？因为出牌就意味着暴露信息。暴露了信息，对手就可以依据这些信息作出战术调整。双方都不想先出，但总有一方会忍耐不住先出牌，那么另一方则开始应对，于是你来我往，真正的战斗就打响了。

打草惊蛇是有计划有组织有目的地率先出牌，但出的是“假牌”，目的是让对手暴露真实的信息。何谓“假牌”？就是掩藏真正的战术意图与真实的火力部署。

打草惊蛇虽然出的是“假牌”，但要出得跟真的似的，如此才能让对手暴露更多有用的信息。打草惊蛇之后，要马上进入OODA决策循环。

采取打草惊蛇的策略，为的是争先手、争主动。但要保持主动，就要随着比赛的进程，持续进行OODA决策循环。

FOOTBALL

092

收与放的学问

——足球兵法之“金蝉脱壳”

在军事斗争中，遭遇围困的一方，不采取强突，而是制造假象，迷惑敌人，趁其不备，悄然全身而退。这就叫作“金蝉脱壳”。

我们知道，五个手指散开来，不如攥成拳头打出去更有力量。当然，如果你练就了“降龙十八掌”，那就另当别论了。如果你的掌比对手的拳还厉害，还一定要攥起来，要么是多此一举，要么是自废武功，要么是二者兼具。

在足球场上，也有类似的战术策略。不同的是，它是有收有放，一会用拳，一会用掌，一会用“一指禅”。这个也可以算是绿茵场上的“金蝉脱壳”吧！

具体方法是，先集中兵力攻击对手的中路，迫使对方的边路球员向中路支援，造成边路空虚，然后突然将部分兵力向边路转移，持球斜插禁区或突破传中，实现边中结合，“宽带”进攻。2018 年中超申花客战鲁能，申花在上半场就是使用这一策略，取得了很好的效果。

金蝉脱壳与声东击西的战术策略颇为相似，都是先将对方兵力向某一方向调动，然后避实就虚，突击对手的薄弱环节。但声东击西多是将攻击方向由一侧边路向另一侧边路转移，金蝉脱壳则主要是将攻击方向由中路向左右任意一侧转移。金蝉脱壳相比声东击西有着更高的机动性与更大的灵活性。

如果一支球队的边路球员没有相对速度优势，而中场又有较强调度能力的球员，是比较适用金蝉脱壳之策的。如果对手的中路本身就相对薄弱，效果就会更好。对方边路球员支援到位，就转头攻其边路；对方边路球员不来支援，那就直接攻击中路。只要中路乱了，防线基本上就破了，剩下的就看攻击球员对机会的把握能力了。

FOOTBALL

093

敌人家里有好酒

——足球兵法之“反客为主”

朋友来了有好酒，敌人来了有猎枪。敌人家里有好酒，也有猎枪，你是等着挨枪子，还是主动去抢好酒呢？

反客为主，就是变被动为主动的一种策略。

水无常形，兵无常势。足球比赛，贵在变化。适时适当地变化，是至胜的重要法则。

客场取守势，主声取攻势，这是惯常的思维与做法；强队主攻，弱队主守，也是司空见惯的基本套路。但是，惯常的思维与做法带来的无非是惯常的结局。惯常做法达到“爆冷”结果的事情很少发生，而已经发生的许多所谓“冷门”往往是打破常规带来的。

中超2018赛季，国安招兵买马，实力大增，而鲁能不仅没有增兵添将，还由外籍教练换成了本土教练。两队在首轮比赛中相遇，舆论普遍不看好鲁能。比赛的场面与结果却双双出人意料。鲁能不仅场面占优，而且打出了3比0的悬殊比分。

鲁能是怎么做到的？放弃了依靠边路球员的速度实施防守反击的一贯打法，在前场展开富有侵略性的紧逼，变被动为主动，切断了国安前后场之间的有效联系，使得其前场的枪手与炮手均失去了弹药供应，变得碌碌无为。你枪法再精，没有子弹也白搭。不给你射击的机会是一种策略，切断你的弹药供给线也是一种策略。

在足球比赛中，实力偏弱的一方以守为主、适时反击是明智的选择，也是常规策略。正是因为大家都如此认识都这么去做，才给“反客为主”策略的成功实施创造了前提条件。这一策略的成功靠的就是突然性。对方完全没有准备，就成了被动的一方。

反客为主除了要建立在突然性的基础上之外，还需要思想统一、态度坚决、步调一致、三军用命。因为你的实力不够，需要气势来凑。如果做不到这些，反客为主就成为自杀式袭击了，极有可能让对手完成一次屠杀。

FOOTBALL

094

哪里来的天兵天将

——足球兵法之“突然袭击”

足球比赛是制约与反制约，也是危机与反危机。你让对手从容应对，哪里有什么机会？只有靠运气。俗话说，忙中出错。什么情况下最忙？当然是危机时刻。别人的危机就是你的机会。

怎么给对手制造危机？欺骗对手是一种方法，搞突然性袭击也是一种方法。这里重点说说后一种方法。

突然袭击的策略有很多，但其核心就是打好时间差。在对手尚没有意识的时候，你已经付诸行动了。你这领先一步的行动往往就构成了对手的危机。因为双方在行动上的时间差，意味着双方在局部区域内出现了实力差。先行动的一方无疑获得了实力上的优势，也就获得了攻城拔寨的机会。这自然就是对方的一次危机了。也可以说，时间差就是实力差，这有些类似于排球进攻中的时间差战术。

一支球队时常被对手打了时间差，就是战术素养极差的表现；一支球队时常打对手的时间差，则是战术素养高的体现。

在比赛场上，最容易被忽略的是死球瞬间的时间差。这个时刻，是球员最容易放松警惕而出现注意力不集中的时候。一场比赛，各种定位球、界外球达几十次之多，但真正被很好利用的却寥寥无几。什么原因？彼此都很累，都想借此机会喘口气。另一个原因自然是缺乏这种战术意识。

事实上，当一方缺乏这种战术意识时，另一方如果能够善加利用，则是成本最低的进攻方式之一。你在正常运动战中，十余次进攻极可能一无所获，而这种突然袭击却可能一击致命。

当然，突然袭击策略并非只适用于死球时刻。这里做重点强调的原因就是这方面可做的文章更多。

足球比赛时间长、强度大、人员多，极易出现思维定式与思想上的松懈。此时不出彼时出，此人不出彼人出，这就给实施突然袭击创造了机会。这就看谁战术意识更强、更机敏、更有意志力了。

谁更善于搞突然袭击，谁就是天兵天将。

FOOTBALL

095

多兵种协同作战

——足球兵法之“隔山打炮”

隔山打炮是棋谱用语。绿茵场上能用得上吗？足球比赛与战争的发展规律一样，越来越需要多兵种协同。

建设一支强大的球队，需要有强大的步军，也要有强大的空军与炮兵部队。西班牙队可以说是世界足坛最优秀的“步兵”，但他们在俄罗斯世界杯上，面对具有高空优势的俄罗斯队，虽然占据了场面上的优势，却始终无法攻破对方城池，在小组赛中就被淘汰出局。事实上，足球就是炮弹，双方抢来争去，本方传来倒去，目的都是击中对方的球门。

如果我们能够理解足球就是炮弹，那么，剩下来的就是如何当好炮兵。今年的中超，鲁能的表现十分抢眼，佩莱也成为人们关注的热点。许多媒体都说，佩莱的支点作用十分突出。支点是什么？就是炮架子。佩莱支好炮架子，老塔同学和小金子及时发炮，成为鲁能的主要得分手段。此前，鲁能的外援洛维更是一位神奇的炮手。怎么个神奇法呢？他善于在禁区内用防守球员的身体作支点，实现转身射门。这属于炮兵与步兵相结合的游击战法，一般人掌握不了。

有人可能会说，你把足球理解为子弹不行吗？是的。足球在许多情况下是以子弹的方式运行的，但子弹不会拐弯，而炮弹则会。把足球理解为子弹是步兵思维。步兵思维就是突破一切封锁，躲开所有障碍物，然后扣动扳机，夺人性命。炮兵思维就是“隔山打炮”，不需要费力突破，隔着障碍物照样夺你性命。

任意球中的“落叶球”“弧线球”“电梯球”等都是典型的隔山打炮战术。另外，禁区前沿的远射，也是隔山打炮的一种战术策略。远射的成功率虽然低，却是制胜手段的一种有益补充。一支球队没有炮兵，战术上就失去了更多的灵活性。

炮兵与步兵，思维方式与战术策略都是完全不同的。球队不可能像军队一样，分成不同的兵种，所以，球队的训练一定得两个兵种相结合，让球员至少掌握两种思维、两种战法，这样就能够在比赛场上灵活运用，对敌人实施立体进攻全面打击。

俄罗斯世界杯上，还时不时出现由守门员或中后卫发起的长传进攻，这个就属于火箭军的思维与战法了。

隔山打炮既是一种战术策略，也是一种思维方式。

FOOTBALL

096

国安“点”胜上港

——足球兵法之“釜底抽薪”

三国时期，有一场著名的官渡之战，是曹操与袁绍之间的对决。是时，曹操缺粮少兵，袁绍兵多粮足，双方的兵力对比是 7 万对 70 万，以常理来看，曹操没有赢得这场战争的可能性。曹操是怎么打赢的呢？曹操听从了谋士许攸的建议，夜袭乌巢，将袁绍的粮草化为灰烬。粮草尽失，袁绍大军士气低落，曹操的将士则士气大振，这场战争自然是以袁绍的惨败而告终。

敌军重兵来犯，我军实力太弱，硬拼毫无胜算。怎么办？偷袭敌军的粮草，炸掉敌人的弹药库，都是管用有效的方法。此类方法在兵法上被称为“釜底抽薪”。《三十六计》上说：“不敌其力，而消其势。”意思是实力上不敌对手，可以通过削弱其士气的方法来实现战斗力强弱的转化。偷袭敌人的要害，则是削弱敌人士气的重要方法。官渡之战则属于经典案例之一。

足球比赛，不存在攻击对方粮草、弹药之类的选项，总不能不让人家吃饭睡觉，或者偷偷往人家饭菜里下泄药吧！又怎么运用釜底抽薪之计呢？

2018年足协杯四分之一决赛，国安首回合主场以2比1取胜上港，次回合决战，上港借主场之利，上半场便取得了2比0的优势，而且基本控制了场上局面。下半场，比分一直没有发生变化，直到进入补时阶段，国安获得禁区前沿任意球，并且攻门得手，双方进入加时赛。加时赛里，双方均未取得进球，比赛进入点球大战。国安五罚五中，上港五罚四中，国安以一个点球的优势杀入四强。

此战，双方都没有有意识地运用釜底抽薪的策略，却充分地诠释了釜底抽薪之计的价值。

上港在2比0领先之后，便放松了进攻，一心守住这个结果，希望以3比2的总比分淘汰国安。没想到在最后时刻被国安任意球破门，痛失好局。如果上港在加强防守的同时，注重偷袭对手，而不是满脑子拖延时间保持现状，或许能够扩大比分。只要上港再进一球，将会大大挫伤国安的士气，起到釜底抽薪的效果，后面的比赛就好打多了。

由于只要进一个球就能扳平，所以国安始终没有放弃努力，而上港的消极防守更是助长了国安进攻的决心与扳平的信心。在任意球破门之后，国安则士气大振，上港则士气受挫。国安的这个进球客观上起到了釜底抽薪的效果。至此，上港的失败也就是情理之中的事了。

当对手士气高昂、攻势迅猛，尤其是对手比分落后、急于扳平的时候，一味死守绝对是下下策。坚定不移地打好反击，用精兵伺机偷袭对手，并利用好任意球机会，实施精准打击，才是上策。一旦攻门得手，就会取得釜底抽薪的效果。

气势汹汹，恨不得一口吃下对手的；急于扳平，疯狂反扑的；孤注一掷，大举压上的；通通都是“纸老虎”。对付他们最有效的方法不是全力防守，而是釜底抽薪。

釜底抽薪本质上是一种心理战法，需要用心琢磨双方的心态与心理特点与变化规律。

FOOTBALL

097

法国门将的低级失误

——足球兵法之“顺手牵羊”

俄罗斯世界杯，法国队与克罗地亚队打出了一场很精彩的决赛。比赛当中出现了特别令人意外的一幕。

法国队靠一个定位球和一粒点球，上半场取得了 2 比 1 的领先优势。下半场，克罗地亚队不得不全力进攻，结果让擅长反击的法国队再下两城，以 4 比 1 的大比分领先。一次，法国队守门员准备开球，克罗地亚球员为了逼迫其尽快开球，跑上前去实施干扰。心态过于放松的法国队守门员意欲将球踢给左侧的本方球员，却被克罗地亚球员顺势将球挡进了球门。这可以说是绿茵场上“顺手牵羊”的经典案例。

老百姓有句俗语，叫作“搂草打兔子，两不误”。原本正在割草，突然从草里冒出一只兔子，顺手一刀拿下了，由此得到了一份额外收获。这与顺手牵羊大致上是一个意思。

顺手牵羊是一种意外收获。在足球场上，这类意外的出现大概有这么几种情况：

天灾：因场地、天气因素等，使得皮球改变了惯常的运行状态，或者使球员的身体动作变形，失去了对球的有效控制；禁区内攻防人员激烈对抗，皮球碰到某一球员身体而改变了方向，等等。

人祸：因个人动作失误、判断失误等原因，失去了对球的有效控制；在对方球员的干扰下，出现低级失误，丢掉了控球权；等等。

也就是说，在足球场上，有时你并没有“搂草”，“兔子”也可能会出现。当然，你“搂草”的时候，“兔子”出现的概率就会高一点。

事实上，足球比赛中此类意外还是比较常见的，但真正被对手抓住的并不多。为什么呢？因为是意外，对手没想到，你往往也不会想到。如何才能在“兔子”意外出现的时候，提高抓住的概率呢？当然是要提高“顺手牵羊”的意识，慢慢养成捡漏的习惯。这也和开车差不多，你脑子里有安全这根弦，遇到突发状况时，就能够及时有效地应对。也可以说，顺手牵羊不是一种计策，而是一种意识。一名优秀的球员，应该始终保持这种意识，尤其是处在中前场的时候。

顺手牵羊这种捡便宜的得分，虽然没有通过精彩配合取得进球那样让人称道，但却是相当实惠的。这种产出的成本超低，因而对另一方情绪的打击也就大，甚至会让其产生相互埋怨，出现混乱。

FOOTBALL

098

惨案是如何发生的

——足球兵法之“趁热打铁”

绿茵场上，时不时地会发生一起大屠杀式的“惨案”。这种“惨案”，有的是发生在强弱分明的球队之间，也有的是发生在实力不相上下的球队之间。比如当年国安9比1大胜申花。

许多惨案的发生都与制造者趁热打铁有关。何谓趁热打铁？就是在取得进球之后，继续加强进攻。足球比赛，进球的事不是经常发生的，一旦发生就构成一个大事件。大事件出现，当事者的情绪必然发生波动。就是说，进球后，双方的情绪都进入短暂的波动期。失球的一方会出现沮丧或急躁。如果率先进球的一方能够坚持既定打法，丝毫不减弱进攻力度，则极有可能很快收获下一粒进球。对方两球落后，必然更加急躁，这个时候，领先一方的机会就更多。如果再攻入第三球，对方的思想就很难统一起来了，惨案发生的条件就完全具备了。只是大多数情况下，领先的球队不是坚持趁热打铁，而是选择降低进攻投入，所以，惨案还是比较少的。

趁热打铁是打乱对手思想、摧毁对手意志的重要策略。许多球队在领先的形势下，被对手扳平或逆转，其中一个重要原因就是不懂得趁热打铁。许多球队在领先之后就开始缩手缩脚，并且出现思想混乱，有人想着守住这个比分，有人想继续进攻。即使场上出现了好的进攻机会也因为投入兵力不足而白白浪费。而一旦被对手扳平，则心态失衡，极容易造成再次失分。

比赛固然要把握好节奏。率先进球后，坚决趁热打铁一定是最合理的节奏。除此之外，在实施一次进攻之后，争抢二点，迅速组织第二、三次打击，也是趁热打铁的一种形式。许多球员对二次进攻重视不足，控制二点的意识不强，即使得到球之后，往往跟捡了个便宜似的，随意地处理，让对手轻松化解。

人们常说，2 比 0 是最危险的，3 比 0 就比较安全了。其实，无论多少比分，都不能放弃趁热打铁。对手一旦取得进球，斗志一下子就被激发出来了，局面就不太好控制了。

2018 赛季，国安主场对阵权健，在 3 比 0 领先的大好形势下，让对手连下两城，差一点在最后时刻将比分扳平。这其中固然有体能不足的原因，但是，心理上的放松与行为上的懈怠才是最主要的原因。

FOOTBALL

099

怎么使用“轻机枪”

——足球兵法之“面点结合”

很长一个时期内，步兵进攻都使用“一”字排开的散形阵，直到有了轻机枪，步兵的攻击阵形才转为以班为单位的集群阵形为主。围绕一挺轻机枪组成一个攻击群，大大提升了攻击力。武器这个“生产力”，改变了“生产关系”，“生产关系”的调整又进一步提高了“生产力”。

阵形对于打仗是十分重要的，对于球赛同样十分重要。不好的阵形相当于给自己的球队安装了“降压变压器”，好的阵形相当于给自己的球队安装了“升压变压器”。

俄罗斯世界杯，前场定位球成了最重要的得分手段，其原因就是定位球中的攻击阵形有了更多变化。虽然之前定位球一直受到高度重视，但成功率其实非常低。俄罗斯世界杯上，定位球战术的一个重要变化，则是由过去以扇形攻击为主，向“面点结合”的集群式攻击阵形转变。即三名及以上的队友摩肩接踵，形成一个小集团，将防守球员挤在外围；在这个集群之外，还有球员准备争抢第二落点。此种战术的益处是进攻球员之间可以相互掩护，打破对方人盯人的防守部署，从而给主攻手创造机会。当然，这种战术要求主罚定位球的球员必须准确地让皮球在本方攻击群控制的区域内坠落。英格兰队在角球进攻中，非常娴熟地运用了“面点结合”的战术策略，不仅成为本方的得分利器，而且成了本届世界杯的一个重要记忆。

在快速推进的运动战中，扇形攻击具有优势，而在定位球，以及对方已经防守到位的阵地战中，“面点结合”的集群式攻击则更具威胁。扇形进攻，地面传球更为有利；集群式攻击，则更适合空中打击。

所谓“锋霸”，相当于一挺轻机枪。你要使用扇形攻击，等于轻机枪与一般步枪都是在独立作战，对方显然会加强对轻机枪的火力压制，使其失去应有的威力。这是把机枪当作步枪用。而使用“面点结合”的集群式进攻，则可以用步枪为轻机枪提供掩护，帮助其较充分地发挥自己的火力。

在努力发挥轻机枪作用的同时，一定还要在外围安排“狙击手”，时刻准备补射、捡漏，随时准备争抢第二落点。

FOOTBALL

100

普京的话是什么意思

——足球兵法之“美人计”

俄罗斯世界杯前，普京关于“俄罗斯女人”的话题让媒体兴奋了好一阵子。闭幕式上，俄罗斯性感模特登场，又让满世界男人的荷尔蒙放飞了好一阵子。足球是荷尔蒙爆表的运动，总是与性有着千丝万缕的联系。职业足球运动员与美女产生关系的可能性比一般群体要高很多。不仅是因为职业足球运动员钱多多，而且能够“拼多多”。从某种程度上说，足球运动员就是性感的代名词，这种野性的美是一种魅惑。

男人与女人，亦是相生相克、有损有益。搞好了，能创生创造；搞不好，则损害损坏。足球大赛中，用“美人计”的事例也不少。用“美人计”，有伤风化，有损人格，不是君子所为。但害人之心不可有，防人之心不可无。况且，因美人而损失战斗力，也并不全是他人有意设计，许多时候则是自己把持不住，而自我迷失。

梅西的父亲在预防梅西掉进“美人陷阱”方面就下了很多功夫。在梅西还没有成名之前，这位老爷子就开始搞调查研究。他调研什么呢？他要弄清像小罗等巨星是为何迅速滑落的。他走访经纪人，走访球员的父母兄弟朋友，了解球星的日常生活、活动场所、兴趣爱好，寻找他们失败的教训与成功的经验。后来，他发现，酒与美人是球星的两大杀手。而且，这两大杀手一般都是联袂登场。然后，这老爷子就开始贯彻“两手抓、两手硬”的方针。一手抓引导疏导，一边教育引导梅西，一边为梅西物色合适的女朋友；一手抓监督到位，梅西的出行，老爷子大都是亲自接送，作息时间更是有严格规定，且必须严格执行。你看看梅西那张刻板脸，绝对是和老爷子的管理分不开的。

荷尔蒙的水平与体能、状态、激情与创造力是密不可分的。过高，可能会爆发破坏力；过低，则会失去活力与创造性。管理好荷尔蒙，也是保持竞技状态的一项重要修炼。天赋再高的球员，如果管理不好自己的荷尔蒙，决不会成为卓越的球员，这是一条铁律。所以，一名职业球员，既要警惕中了别人的“美人计”，也要预防在自家美人身上亏空了自己的荷尔蒙。一家职业足球俱乐部，也需要向梅西的父亲学习，在引导与监督上多做点文章。

一名足球巨星的背后，一定有一位不同凡响的女人。而这位女人的不同凡响又是一般人难以察觉的。

“美人计”引申出来，就是研究利用人性的弱点。

FOOTBALL

101

最具争议的成功教练

——足球兵法之“反间计”

在战争中，离间敌人是很常用的手法。对手内部相互怀疑，再给他增加疑惑，往往可以让自己处于有利地位。所以，任何战争都少不了离间与反间的斗争。

穆尼里奥无疑是世界足坛最成功的教练，就成绩来说，能和他比肩的人屈指可数。但他又是成功教练中最具争议的教练，没有之一。为什么？因为他比较功利。表现在：其一，他的球队不追求控球，不追求好看，只追求胜利；其二，他有一张好斗的嘴。他与弗格森斗，与温格斗，与所有的对手斗。弗格森与温格也斗，但这两位之间主要是文斗，而穆尼里奥是什么方法都用。

穆尼里奥好斗，并不完全是个性使然，更多的则是一种计策。他的主要目的，就是降低对手的凝聚力，减损对手的战斗力。穆尼里奥成功的两大法宝，一个是游击战，另一个是离间计。穆尼里奥是成功者，但他取得成功的方法又让许多人心下不爽。这就是穆尼里奥备受争议的主要原因，这也是他不能在一国联赛、一家俱乐部工作太长时间的主要原因。

在中超，我们也经常看到某一家俱乐部将帅不和、球员不和，或者哪家俱乐部要买或卖哪名球员等的信息，这些东西有些有实的成分，但更多的则是有的俱乐部使用离间计，试图让竞争对手产生内耗，自己从中获利。

有离间计，必有反间计，以及将计就计。反间，就得有思想工作、解释工作，但是，最关键的还是有说服力的行动。有时候，也可以将计就计，迷惑对手，让对手自以为得计，化不利为有利。

一个国家的联赛，俱乐部之间既是竞争对手，也是利益共同体，使用离间计既不道德，也损害联赛的品牌形象，不仅败坏社会风气，还有损自己的长远利益，使用离间计是应该受到谴责的。但是，只要有人群的地方，就有不守规矩的人，就有贪图小利的人，就有自作聪明的人，所以，反间的意识、能力是必须有的，相关的工作也是不可放松的。

团队项目，信任比什么都重要。事实上，一个团队内部，也经常会有“离间”的情况发生，有些是有人有意为之，有些可能是无心所致，但都会使团队成员产生隔阂，影响到团队的绩效。即使没有离间计发生，增强信任的努力也是必须持之以恒地去做的。

FOOTBALL

102

法国队智胜乌拉圭队

——足球兵法之“连环计”

俄罗斯世界杯，法国与乌拉圭在四分之一决赛中相遇。两队近 8 次交手，法国队仅收获过一次胜利。这届年轻的法国队活力四射，攻击力强悍。乌拉圭队此战之前已经四连胜，而且仅丢一球，脚跟稳，腰杆硬，此战被视为枪盾之争。

法国队主动后撤，率先示弱，引诱擅长防反的乌拉圭队打起攻城之战，并伺机向乌拉圭阵地展开反击。在反击不畅时，便调整节奏，充分利用场地宽度，大范围地调动对手。在法国人的密集防守面前，乌拉圭人很难找到上佳的射门机会。上半场，法国队仅有一次射下，便收获了一粒进球，而乌拉圭队四次射正，均被守门员化解。

下半场，一球落后的乌拉圭队只能进一步加强进攻，法国队则从容反击。在一次由守转攻的快速推进中，法国队右路进攻，瞬间将皮球转移到中路、左路，无人防守的格列兹曼于禁区前沿一记大力抽射，守门员穆斯莱拉扑球脱手，比分变成2比0。

两球落后的乌拉圭人心态失衡，情绪急躁，动作变形，屡屡出现失误，已经完全组织不起有效的进攻。法国队则通过加强对球权的控制，让对手疲于奔命，自乱阵脚，硬是让乌拉圭球员在赛场之上流下了绝望的眼泪。这场赛前被视为势均力敌的较量，最终以乌拉圭0比2完败而收场。

法国人的做法，正是兵法上的连环计。连环计是综合利用几种策略克敌至胜的综合性策略。这场比赛，法国队就运用了调虎离山、声东击西、浑水摸鱼等多种策略，取得了预想的效果。用调虎离山之计，让善于防守的乌拉圭人失去有利位置。用声东击西之计，转移乌拉圭人的注意力。用浑水摸鱼之计，搅乱乌拉圭人的节奏，削弱乌拉圭人的意志。

运用连环计的要点是：环环相扣，前后呼应，天衣无缝。越是面对强敌，越是需要策略的“组合拳”。“右拳”打心智，“左拳”打心理，这“拳”与那“拳”，构成“迷魂拳”。

FOOTBALL

103

史诗级的惊天大逆转

——足球兵法之“空城计”

诸葛亮的“空城计”可以说是无人不知、无人不晓。足球比赛可不可以唱“空城计”呢？表面上看，足球场不像战场，战场上可以利用地形等多种方法掩人耳目，足球场上似乎没有什么秘可保、也没有什么兵可藏，“空城计”是没法唱的。

没错。足球场上的确是一目了然，既不可能把球员伪装成小草，也不可能把小草化装成球员，一个空门不仅吓不退“司马懿”，就是一只“小蚂蚁”也不会有任何恐惧的。但是，“空城计”的精髓并非“空城”，而是虚虚实实，迷惑对手，进而化危为机、绝处逢生。其中蕴含着临危不乱、处变不惊、从容应对、不被任何困难所吓倒的气魄、胆略与智慧。

有这样一个经典案例。

2018年欧冠四分之一决赛，巴萨对阵罗马。首回合，巴萨主场4比1大胜罗马。双方近期6次交手，巴萨取得了3胜2平1负的成绩，优势明显。此时，巴萨在西甲联赛中高居榜首，并且领先第二名11分，联赛还剩下7轮，夺冠基本无忧，可以专心打好欧冠。而罗马在意甲排名第四，后面还有国米、AC米兰等球队虎视眈眈，极有可能失去下赛季的欧冠资格，必须全力打好联赛。几乎没有人相信罗马能够逆转巴萨。巴萨大概做梦也不会想到罗马还有野心。

然而，比赛的场面与结果都完全出乎人们的意料。被球迷称为宇宙队的巴萨，被罗马凶猛的逼抢与有重点的盯防搞得狼狈不堪，整场比赛毫无作为，流畅的配合没有了，精湛的个人技术不见了，有的是混乱无序与漏洞百出。最终，罗马在主场3比0击败巴萨，以一个客场进球的优势挺进四强，完成了史诗级的惊天大逆转。

巴萨显然没有做好罗马疯狂反扑的思想准备、战术准备与体能准备。

罗马的做法完全可以说是绿茵场上的另类“空城计”。诸葛亮的“空城计”是实“无”却让对手误以为真“有”，罗马的“空城计”是实“有”却让对手误以为全“无”。同样是面临绝境，同样是通过让对手产生误判，实现化险为夷、绝处逢生。

足球场上，这样的案例并不少见。

人们普遍认为最不可能发生的事情往往最有可能发生。因为人们多是以经典物理的观念来看待事物的发展，但事件的发生发展是经典物理与量子物理共同起作用的结果。在经典物理世界里，一切都是可以通过计算来确定结果的。在量子世界里，结果不是必然的，它因参与者的主观变化而变化。所以，当别人认为不可能，而你坚信有可能并付诸坚定而有效的行动后，虽然不能确保将不可能变成“能”，但将不可能变成“能”的概率还是很高的。尤其是在足球比赛中，优势的一方在减少努力，弱势的一方在悄悄增加投入，双方实力就会悄无声息地发生着转化，爆冷的概率就会大大提高。

原本虚弱的地方，你就表现得更加虚弱；当人们大都觉得你不行的时候，你就想办法让对手更加相信你不行。这也是一种“空城计”。对手疑惑害怕是中计，对手昏昏然、飘飘然也是中计。

用好“空城计”关键是掌握对手主帅与骨干球员的性格特点与当下的心理状态，因人因时因势施策，不可千人一方。

FOOTBALL

104

恒大兵败足协杯

——足球兵法之“走为上”

恒大是一支有野心的球队。它勇夺中超七冠，两次摘得亚冠，却仍有一个梦想一直没能实现。什么梦想？就是夺得年度赛事的大满贯。近几年，恒大几乎年年提出要争“N冠王”，却回回都落了空。

在足协杯上，恒大多次输给中甲球队，早早出局。弄得一些恒大球迷们扼腕叹息，引得一些外地球迷欢笑加嘲笑。其实，这正是恒大教练团队对“走为上”策略的灵活运用。

恒大想要足协杯冠军是真的。但是，恒大年年参加亚冠，主力球员大多还要参加国家队的训练与比赛，很少得到有效调整，原本就积累了一身疲惫。足协杯赛事开启之后，球队三线作战，无论是体能还是精神上都难以保证在每场比赛中发挥出应有水平。这个时候，如果仍然在三条战线上平均用力，则极有可能一无所获。所以，恒大经常用替补球员打足协杯，让主力球员休养生息，专心准备中超或亚冠比赛。如果替补能够取胜，则可喜；失败了，也没有重大损失。在足协杯这条战线上主动把主力撤走，为的是集中精力在中超联赛和亚冠联赛中争取更好成绩。在战略上谋划上有夺得“N冠”的雄心，而在策略上却要依据现实，及时调整目标，做到量力而行。

在世界各国联赛中，都会有这样的情况发生，即在某一场比赛中不全力出战，减少消耗去打下一场比赛。为什么要这么干？因为死拼当下的强敌，打赢的概率极低。而下一个对手又与自己实力相当或者略低于自己。此时，不与当下的强手硬拼，保存实力打赢下一个对手，就是一个相对较好的选择。在此一战场上选择“走”，是为了保证在另一个战场上能打得赢。各国联赛中，都会有处于中下游的球队采取这种策略。

“走为上”是一种不得已而为之的策略，是一种保全大局而牺牲局部的做法，也是一种权宜之计。

无论有多少理由，“走”也是一件不光彩的事情。采取这一策略往往得不到理解，甚至会受到嘲讽与攻击。所以，实施这一策略时，主帅首先要有正确的判断，千万不能在不该“走”的时候走；其次，主帅需要忍辱负重、意志坚定，不为浮名所动，也要为将来不用“走”而不懈奋斗。

“走”的目的还是更好地打，如此才能称作“走为上”。

简单踢球

大道至简。

足球运动是大众游戏。足球比赛的胜利则更青睐有智慧的群体。最高的智慧是把复杂的事物简单化。足球比赛，效率至胜。简单才有效率。

下面介绍的都是简单踢球的原则与方法，多数足球人都知道，但在比赛场能够做到的人并不多。

足球运动的技术技巧是没有穷尽的，创新永远在路上，但任何创新创造都离不开继承。一些基本的东西烂熟于心，创造才可能与你神魂合一。

一、进攻篇

心中有你

我的心里只有你没有她。球员之间就得像恋爱一样，心心念念的都是对方，才能踢出心有灵犀的足球。

平时要多想队友的习惯与特点；传球时要替队友着想，想着怎么让他舒服地接球，想着如何让他接球后更有利于做下一个动作；接应队友时，要站在持球人的角度去行动，想着他希望自己向哪个方向跑动，而不仅仅是向哪里跑最有利于进攻。如果你跑动的位置是持球人根本不可能传过去的，或者是难度极大的，那么，这种跑动就是空耗体力的无效跑动。

想着队友，就是想着自己，就是想着集体。

相向而行

最有利的进攻局面，就是让对方的防守球员与你一样，面向他们的球门，这是对方最难受的时候。攻方要努力制造这种局面，而一旦出现这样的局面，全队要积极一致地向前，不给对手转身的机会。

这一点相当重要，尤其是在定位球进攻中，通过跑动引诱对手面向自己的球门，完成攻门的概率就会大大提高。

三江汇流

让皮球与队友在对方后卫的身后相交，然后将皮球送入球门，就像三江汇流之地一样。这种配合，即使不能进球，也能够让观者赏心悦目。

这种传切配合，靠的不是有些评论员所说的想象力，而是几何与力学原理。学会在头脑里构图，才能有“手术刀”式的传球。

切记，精准是第二位的，传到对方后卫身后才是第一位的。宁肯让对手追到球，也不能让对手正面拦截到球。

两肋插刀

边路突破后，只要有可能，就要努力向禁区的肋部插，而不是任性地埋头向底线狂奔。如果对手封住了你斜插的线路，最佳的选择是急停摆脱，然后坚决地向禁区突击，或者将球传给快速插上的位置更好的队友。

为了球队的胜利，你必须果断地向对手禁区的两肋插刀。如果队友正在持刀插向肋部，你的任务才是下底回传或者横传。

狡兔三窟

狡猾的兔子有多个逃生的窝点与方法。聪明的球员要有多种攻击策略。

传球之后，至少要移动三步；至少要让持球队友有三个接应点；如此才能保持传导自如，踢出行云流水般的足球。永远不要让队友只有一个选择。

传球需要技术，比传球技术更重要的是队友的跑位。

歪门邪道

防守要防歪门邪道，进攻必走歪门邪道。

直塞球与斜插，制造出来的都是致命威胁。聪明的球员是不会只跑直线的。

一些速度极快的球员，总是踢不出来，主要原因就是不懂得走歪门邪道。

蜂飞蝶舞

蜂飞蝶舞是美景。当队友持球或带球移动时，一定有两三人围绕着他穿插跑动，决不能原地等待，更不能成为队友漂亮的盘带之舞的观赏者。

蜂飞蝶舞，是人球共舞，是得分的前奏，是胜利的交响。

独木难成林。再优秀的队友也不能让他独舞。

八方呼应

孤掌难鸣。优秀的球队，无论是进攻还是防守，都可以做到八方呼应。既要跑起来，也要喊起来。让每一个球员都“在线”运行，决不能让持球人陷入进退两难的境地。

许多球，早传一步，己方就是别有洞天；晚传一步，对方则会柳暗花明。许多情况下，持球人或者看不清局势，或者心智不清，需要队友的指挥、提醒与协助。

你的八方呼应，就是对手的八方无助。

避繁就简

能少一个动作完成的，决不增加半个；能在半秒内动作的，决不拖延半秒。早半秒，可能是自己的机会；晚半秒，则可能成为他人的机会 。

胜利与失败，经常是在半秒之内决定的。

花拳绣腿、形式主义，是踢球的大忌，是胜利的敌人。足球场上，处理球的基本原则，就是避繁就简。简单出效率，简单出胜利，简单还出运气。

避实就虚

攻击对手最薄弱的地方，避开对手最强大的地方，才能收到最优的效果。任何阵形都有长处与短处，任何球员都有优点与缺点。赛前要全面分析，赛中要仔细寻找，并且乘虚而入。

足球首先是智力游戏，然后才是激情与力量。硬碰硬的较量是没有办法的选择，不是首选方案。

避实就虚是进攻的基本原则。

表里不一

做人最怕表里不一，踢球最怕表里如一。

欺骗对手、引诱对手，使其做出错误判断与错误行动，是球员需要永远追求的。

隐藏自己的真实意图，做到真真假假、虚虚实实，才是绿茵高手，才能算得上职业。

三心二意

足球运动员最重要的部位是头脑。好头脑的标准则是“三心二意”。“三心”：我身后是什么情况？我如何跑位？我接到球怎么处理？“二意”：持球人的意图是什么？对手的意图是什么？

假设场上可能出现的各种情况，思考我该怎么办，是球员快速成长的秘诀。

抓住一切机会，提高自己“三心二意”的本领，很快你就会让别人刮目相看。

突然袭击

双方都准备充分，比的就是硬实力。一方准备充分，一方仓促应战，就是不对称竞争。足球比赛，谁善于率先打破对称性，谁就抢到了打开胜利之门的钥匙。

突然袭击是打破对称性的唯一手段。

如何突然袭击？一是在空间上做文章，打出对手意想不到的传切配合；二是在时间上做文章，念好“快”字诀；三是在策略上做文章，突然改变比赛节奏或战术安排。

机敏的球员，时刻都会想着偷袭。

别具匠心

球员要有匠心。奇思妙想更接近胜利的梦想，奇招妙计更能照见进球的现实。

俄罗斯世界杯上，英格兰队的角球战术，就属于别具匠心之一种。博采众长，融会贯通，勤加练习，则匠心成矣！

奇招、怪招、新招，层出不穷，变化莫测，让对手防不胜防，达到出神入化、出奇至胜，一名职业球员得有这样的追求才行。

心系远方

在那遥远的地方有位好姑娘。在绿茵场上，要时刻记得，在离你很远的地方，有一位队友正在焦急地张望。

在受到对手压迫的时候，首要的选择不是“反抗”，而是将球向没有受到压迫的队友那里转移。千万不要热衷于在对手围抢下做队友之间的原地传导。这样做的结果大多是丧失球权。即使没有丢掉球权也是在浪费体力与时间。

在对方禁区附近的传导与突破有时候是必要的，但是，你依然不能忘了，在另一侧还有“心上的人儿”等着你把球儿送过来。

不胫而走

你跑得再快，也没有球运行起来快。不要让自己和对手赛跑。让球和对手赛跑，永远是你的第一选择。

快，才能有效控球；快，才能创造机遇；快，才能不失时机。

不要做兔子，也不要当乌龟，努力争当龟兔赛跑游戏的设计者。如果你平时努力不够、智商不够、技术不够，那就只能做绿茵场上的“乌龟”了。

操刀必割

操刀必割，是一名杀手必备的素质。或者说，机会来了，手起刀落，毫不犹豫，才能配得上杀手称号。

杀手，心理第一，技术第二。心理影响技术的运用，技术影响心理的变化。

相信第一感觉、第一反应。错了也没有关系，射门的成功率原本就是很低的。

回头是岸

要有自信，但不要“自杀”。

你是一匹快马，风一样地带球飘向对方前场，这时候，后卫上来围堵，或者回防球员已经挡住了你插入禁区的路线，你依然沿着边线一路狂奔，结果是失去了球权，拼命地完成了一次“自杀”。

如果你不具有梅西、C罗那样的超强能力，就需要回头是岸。急停，摆脱对手，插入禁区；或者停下来，把球控制住，等待队友的接应。不要把球权轻易送给对手。

直捣黄龙

边路球员有许多机会成为进攻当中的尖刀，但是，他们面对眼前的大片开阔地，大多习惯于溜边，而不是直扑龙门。有的球员飞奔到底线附近后，停在那里看着迟来的队友，一脸无奈。

不管你是什么位置上的球员，只要有机会，就要坚决地直捣黄龙。到了中路，你的选择就多，对手的风险就高。

如果对方还有一名至两名后卫，你要勇猛地向他靠近，而不是早早避开他。他是最想与你保持适当距离的人，你不能给他选择“适当”的时间。此时，你离对手越近，摆脱的机会越多。

一掷千金

大力掷前场界外球，也叫“扔手榴弹”，能够制造很大的威胁，有时候会取得进球，甚至是决胜球，可以说是一掷千金。

你能够掷得远，选择性就多，防守的难度就大。你掷得快，对手就来不及准备，队友拿到球权就相对容易。掷好界外球的关键，一个是时机，一个是力气。来不及防备靠时机，不好防备靠力气。

界外球，界外是球，界内是机会。

惜球如命

球权就是主动权，控制球就是控制风险。每一次控球权都十分宝贵，每一个球员都应该惜球如命，尽最大努力去保护本方的球权。但有些情况是例外的，有时候为了化解危机就不能把控球放在首位，有时候为了给对手制造危机就得冒一点失去球权的风险。

恰恰有许多球员会做让对手高兴的事。在急需要化解危机的时候，他却把控球当作第一要务，结果是进一步扩大了本方的危机，甚至导致失分。在特别需要惜球如金的时候，他又轻易地交出球权。有的在对方禁区前沿获得二点或三点球后，随意来上一记“浪射”；有的在本方领先且比赛即将结束的情况下，一味强突或强行射门而丢掉球权；有的在无人压迫的情况下从后场做毫无目的的长传，直接将球权交还对手。凡是出现这类行为的球员，赛后必须面壁思过。

不管你有无意识，都必须认识到，这类行为是“内奸”一心想做还不一定敢做的。

拾遗补阙

有一些进球看起来十分轻松，连没受过训练的人都会说：这个球我也能打进。是的，这样的球打进是容易的，但碰上这样的机会是不容易的，得有拾遗补阙的意识与机敏的判断才行。

球进了禁区，什么情况都有可能发生。在进攻的时候，一定要坚持“一个中心，两个基本点”。即射门时要以打到门框以里为中心，同时坚持补射与捡漏两个基本点。

许多球员射门时过度追求角度与速度，导致射正的概率极低。这等于替对手解除了危机。只要打到门框以里，对方就有可能出现失误，本方就有补射与捡漏的机会。

“锋”回路转

边锋不会内切，中锋不知道拉边，是十分普遍的现象。许多时候，中场球员持球向前推进，前锋与对方的后防并排站着，眼睛盯着持球的队友，不停地做出冲刺的姿态，急切地渴望得到队友的传球。但是，队友却找不到可以利用的传球空间。

正常情况下，前锋会遭到两名后卫的防守。聪明的前锋会向边路跑动，以拉开三个人之间的距离，给自己的队友制造送出直塞球的空间，再适时斜插禁区。这种跑动线路被称为“鱼钩形”或“锄头形”，也可以称之为“峰回路转”。

前锋不是木桩，一定要动起来，除非你准备背身拿球后，分边或者回做。

猫戏老鼠

勇敢与狡猾哪个更重要？最好是二者兼备，如果只能二选一，当然是狡猾。成功欺骗对手比死拼对手效果会更好。你要想成为一名优秀的前锋，就要学着狡猾再狡猾，不要让对方后卫猜到你的真实意图。

你要清楚，球在对手后卫的脚下是对你有利的，这意味着你还有机会，尽量不要逼迫他迅速将球处理掉，这可能给对方前锋带来机会。除非你比他更有把握抢到来球。

你当然不能任由后卫自如地处理球。你应该像猫那样，把老鼠置于这样的位置：老鼠觉得安全，猫又能够迅速对老鼠实施控制。此时，你突然向持球人发起攻击，他出错的概率就极高。

曲径通幽

队友已经跑到了上佳的位置，可你的传球线路已经被对手堵住，你左闪右突，依然没有成功，此时，对方已经回防到位，机会转瞬即逝。

此刻，最聪明的选择不是自己突破，而是做“U”字形或者“V”字形传球。此为曲径通幽。

前场单刀直入也好，中场快速推进也罢，一旦受阻，就要迅速开启曲径通幽模式。但是，回传一定要看清局势，如果被对手抢断，那可能是灭顶之灾。

把门看小

球门的尺寸是很有讲究的。守门员往门前一站，攻门的人既会觉得球门太小，又会觉得射门的线路有很多选择。于是，射门就变得有趣起来了。

一场比赛，射门次数十分有限，射正的次数则更少。犹豫以及过分追求角度是将球踢出门框以外的重要原因。如果你把球门看得比真实的球门小一些，打到门框以外的比例则会大大降低。

射到球门之内，是射门的第一原则。道理很简单，把球踢到球门之外，是在替对方后卫干活。

既左又右

看问题，做事情，极左不行，极右也不行，所以孔子讲“中庸”。

一名球员，左脚好用是不够的，右脚好用也是不够的，得左右脚都好用。赛场上，一倒脚，机会就没有了。

看看那些用脚写字、弹琴的人，你没有理由不把左右脚都练好。

二、防守篇

不忘初心

人盯人战术，不能太过执着于盯人，只顾跟着对方跑，造成门前空虚，那就是本末倒置了。

防守的根本原则是“不丢分”，而防守的任务是抢回球权，如果门前空虚或者有机会抢回球权，就要果敢地放弃盯人。“在不丢分的前提下尽可能地抢球”，这个初心分分秒秒都不能忘记。

拔本塞源

防守要标本兼治，要害是拔本塞源。什么是拔本塞源？就是把对方的进攻扼杀在萌芽状态。要做到拔本塞源，就要建立一套原则体系。也就是在什么情况下，第一选择是干什么。

比如，丢球后，第一选择是逼抢。那么，如果对方突破之后打反击，第一选择是什么呢？这就要不同情况区别对待。如果有把握超越对手，第一选择可以是回追。如果没有把握超越对手，第一选择就是通过犯规中止比赛。而采取什么方式的犯规，又有不同的策略。诸如此类的细节，都应该有预案。

脑子反应再快，也比不过早有预见、先有预案。

避轻就重

百密一疏。再严密的防守体系，也有出现疏漏的时候，再好的球员也会遇到二者不能兼顾的时候，这就需要两害相权取其轻。

优秀球员，平时会做各种“事故预想”，经常在心里做“反故事演习”，当比赛中发生“事故”的时候，才能不假思索地及时正确应对。

自己要养成画重点的习惯。

抢枣争梨

是真兄弟，场下要让枣推梨，场上要抢枣争梨。

当皮球奔向哥俩防守的中间地带，最好要大喊一声：“我的！”如果来不及喊，那就坚决地抢。精明的攻击手，打的就是兄弟防守的“灰色地带”。你哥俩稍一犹豫，皮球就从中间“穿越”了。

在对方禁区附近玩漏球的游戏，可以称为艺术；在自己的禁区附近漏球或故意漏球，那叫作死。

不辞而别

人盯人，要跟紧盯住，但有时候也要不辞而别。

人家都回到本方禁区附近了，一般不会有球员依依不舍。问题是对手就在自己的禁区内也一定要紧追不舍吗？当然不是。破人盯人，就是在这个“盯”字上做文章，让你盯得到位，却给人机会。

不要以为对手摆脱你都是为了进攻，有时候他是为了让你为他队友的进攻打开一扇门。这时候，你就要果敢地不辞而别。

只看球是不对的，光盯人也是错误的。

舍近求远

防守的时候，解围是第一位的，控球是第二位的。许多失分，都是因为防守球员追求控制，让对手再次获得球权，形成二次打击。

许多球员在禁区内处理球能够做到干脆利索，但在禁区前沿或左右两侧处理球时往往拖泥带水。

皮球距离自己的球门越远，自己的危险就越小，对手的危险就越大。解围球一定要舍近求远。

亲远疏近

生活之中，远亲不如近邻；绿茵场上，近邻就是敌人。

作为后防球员，一定要在对手靠近你之前把球传出去，如果此时没有合适的出球线路，你就把球大力向对方前场开去。千万不要相信你的球技，千万不要低估了对手的机敏，千万不要轻易地回传、横传。

即使是传球给你的队友，如果有选择，基本原则也是宁远勿近。切记，防守时，球门安全是第一位的，控球权次之。

步调一致

步调一致才能得胜利。

如果球员单独行动，他就会进入被“遛狗”模式。这是十分伤人情绪的事情。比赛场上，必须避免这样的情况发生。

要做到大家同进退，首先平常要培养这种观念，另外场上要有人指挥。

克敌之长

垃圾是放错了地方的宝贝。这就是说，宝贝放错了地方就成了垃圾。

你要想让对方的宝贝变成垃圾，就得清楚他的长处与习惯，并找到限制他的办法。比如，面对擅长使用右脚的球员，你就不能重点照顾他的左脚。

如果你防得他气急败坏，他就真的废了。

说长道短

你想提高球队的战斗力吗？若是真想，就得培养喜欢“说长道短”的习惯。

大家在一起，说自己的长短，议他人的长短，越频繁越透彻越“不要脸”越管用。

知己知彼，可以从“说长道短”开始。

守望相助

点球是令人沮丧的。点球的成功率在 70% 左右，也就是说，防守方还有 30% 左右的希望。

怎么变现 30% 的希望？要与守门员守望相助。首先，要帮助守门员了解射手的习惯；其次，守门员要察言观色，并适当地实施干扰；最后，队友们要抢占有利位置，随时准备把守门员或球门挡出的皮球踢出危险区域。

防守点球，不能让守门员一个人去战斗。反过来，攻方应该怎么做呢？当然是大家要时刻准备好为点球手拾遗补阙了。

兔起鹘落

兔起鹘落的意思是，兔子刚要跑，鹘就扑上去了。

球权刚刚丢失，就要就地反抢，行动越快效果越好。即使抢不到球，也会因为对手的仓促出球，而为队友的抢断创造了机会。球场上大多数失误，都不只有一个当事人，而是前面的若干“微失误”积累的结果。

没有受到干扰的传球，常常会改变场上局势。

宁竖不横

做人不可横行霸道，足球场上，任何位置的横传都应慎之又慎。没有绝对的把握，一定要坚持宁竖不横。

横传球一旦被对方抢断，等式两端的平衡就会在瞬间反转。

你必须树立这样的观念：横传约等于给对手送礼。

边路向中路的横传球，原则上是被禁止的。除非没有一丝一毫的风险。

一见钟情

无论是进攻还是防守，都必须快速决策、快速行动。对传球目标，最好是一见钟情。

传球不是谈恋爱，思来想去，就是“不领证”，真的耽误“抱孙子”。

改掉一个坏习惯，就能上个小台阶。

冰火相间

对手搓火的时候，你怎么办？

要冷静，对不对？但是，只有冷静是不够的，你得学会聪明地给他“拱火”。如果他不能把精力集中在踢球上，你就成功了一半；如果他被红黄牌，你就成功了一多半。

斗智斗勇，亦冰亦火。

不当灯泡

当“电灯泡”是件尴尬的事。赛场上，当“电灯泡”的情况是经常发生的。

对方把球倒来倒去，你像傻小子一样跑来跑去，很丢面子。不要只知道跟着球跑，卡住对本方最危害的传球线路，才是聪明的选择。

所有的传球，只要过不了“关隘”，就构不成威胁。当对方以少打多的时候，千万不能跟着球跑，把“关隘”给丢了。

争抢“红杏”

一枝红杏出墙来，哪个抢到脚下来？

当队友奋力踢出解围球，前锋必须全力争抢。即使拿不到球权，也要尽力延缓对方的二次进攻。

前锋只等着队友喂球，球队就可能会输球。

三、情志篇

鸿鹄之志

鲜花为什么插在牛粪上？因为牛粪会追鲜花，鲜花不会追鲜花。再说了，鲜花都敢插在牛粪上，你还有什么好怕的呢？梦想还是一定要有的。

没有人能够测量人的潜能，谁又能说中国人踢球就是不行？落后会限制人的想象力。想象力不足会让你更落后。没有志向，没有眼光，即使捡到“狗头金”，也会当作石头浪费掉。

宠辱不惊

踢职业足球，是受到直接干扰最多的一个行当；当然，间接的干扰也不少。所以，他们之中，被“捧杀”与“棒杀”的都不是少数。

夸不忘形，骂不恼怒，宠辱不惊，理乱不闻，是一位职业球员必备之修养。如果做不到，你的能力越强，对团队的危险就越大。

难吗？极难！一般人做不到。但是，职业足球这碗饭不是一般人能吃的。许多球员就是因为做不到，让自己手里的金饭碗变成了瓷饭碗、泥饭碗，甚至没了饭碗。

如胶似漆

你要想在赛场上如鱼得水，就得在场下与足球如胶似漆。

同样是踢球，有人与足球是同事，有人与足球是朋友，有人与足球是情人，所以，他们成了完全不同的足球人。

你和事没有爱情，就诞生不了事业。你和足球没有爱情，就不可能成为球星。

朝思暮想

在一起时，如胶似膝；不在一起时，朝思暮想。

行成于思。刻苦训练与经常琢磨是球员成长进步的两个翅膀，缺一不可。

知难行易。琢磨透了道理，掌握了规律，练起来会事半功倍。

不辞劳苦

勤奋是成功的不二法门。勤奋不只是出大力、流大汗，还有爱动脑、爱动手、爱学习。足球运动需要多元智能。

勤奋是一个人最大的天赋。平时比他人更爱琢磨，训练比他人更加刻苦，比赛比他人更多付出，最终一定会胜出。

你不辞劳苦，成功才不会觉得跟在你后面好辛苦。

笨鸟先飞

没有笨死的，只有懒死的。万物如此，人更是如此。领先一步，就与众不同；提前一步，就掌握了先机；提早预判，提早行动，就多了几分胜算。

赛前多做预案，赛中注意观察，就能够比对手早一点、快一步。

脑子要先飞，双腿再跟上。“丑小鸭”就成了“白天鹅”。

寸积铢累

泰山不辞抔土方能成其高，河海不择细流方能成其大。

能力是一点一点积累起来的。每天比别人多跑几步、多练一会、多琢磨一下，十年下来，就是高山与丘陵的差别。

永远不要羡慕别人的天赋，只须坚持每天比别人多走一步。

闭门思进

认识问题是解决问题的先决条件。有错认错，知错必改，即为精进。

每一堂训练下来，每一场比赛踢完，都能静下心，闭门思过，即为优秀球员。

艺无止境，没有最好，只有更好。倘若一名球员能够坚持每日闭门思进，则一定会成为一名卓越的球员。

不耻下问

不以向辈分、资历、成就等比自己低的人请教为耻，智慧与技能就会以与你同行为荣。

每个人都是一本书，虚心请教是打开这本书的正确方式。

每个人都有一汪智慧的清泉，把自己的身心放低，条条清泉就会自然地向你汇集。

睥睨觊觎

除了个别顶尖高手，绝大多数球员在传球之前，一定睥睨窥觎传球的目标。如果你也善于睥睨窥觎，就可以提前做出应对。

要提高抢断、拦截，以及扑点球等防守方面的成功率，就必须学会暗中观察对方的眼神，伺机而动。所谓阅读比赛，第一位的是学会观察人。悄悄地观察人的表情与动作，暗中了解人的习惯与秉性。

左顾右盼

踢球要注意力集中，这是地球人都知道的常识。

怎么才叫注意力集中？左顾右盼是也。既要看球，也要看前后左右的队友与对手。

要用脑子踢球，先得用眼睛观察。

急而不躁

足球场上，危机四伏，意料之外的事情是经常发生的，最是考验一名球员的综合素养。

场面被动，或是比分落后，你不能跟没事儿似的。紧迫感、责任感是任何时候都不能缺失的。但猴急是没有用的。最佳的状态是急而不躁。不躁的表现是不盲目出球，不埋怨队友。出球要目的明确。队友失误了，要及时安慰鼓励。

处变不惊，沉着应对，乃大将风度。

哀而不伤

失误或落后，在比赛场上几乎是难以避免的。出现了这样的情况，肯定会心下不爽。不爽之后，一定得控制自己，迅速调整情绪。不让这种情绪影响自己，更不能传染给队友。

此时，深呼吸，让自己在内心深处微笑一下，把精力集中到比赛中去。

应声倒地

会哭的孩子有奶吃。这个原理在球场上同样有效。

受到侵犯你就喊，尤其是在被绊倒的时候。踢球的艺术绝对是包含“演技”的。如果你能像戏剧艺术大师那样，演得逼真动人，那你才能算得上是足球艺术大师。

声音也是一种战斗力，可以制造点球、红黄牌与定位球。

百折不挠

困难挫折与顺水顺风一般是交替出现的。如果你退缩了，放弃了，“风水”就只能做别的选择了。

所有的运气都喜欢不放弃。她有美女的属性，喜欢被追。

见微知著

如果看到事物的苗头，就能知道事物的发展趋势，那就具备了见微知著的功力。

所有的事物都有发生发展的过程，一定要训练自己的眼睛，养成观察的习惯。练就了火眼金睛，什么妖魔鬼怪也逃不过你的眼睛。

多看比赛，仔细分析每一个进球演进的过程，仔细分析每一次危机化解的过程，你迟早会成为先知先觉的人。

加减运算

足球比赛，很像用算盘做加减运算。场上每一脚传球都是在作加减法。减少对方的有效球员，增加本方的有效球员，就是好的传球；反之，则是不好的传球。

如果能够在进攻中形成一对一、二对一、三对二等局面，得分的概率是比较高的。

一脚传球能够让对方绝大多数球员处于暂时无用的位置，成为无效球员，这就是有穿透力的传球。

离群索居

进攻也好，防守也好，都需要培养离群索居的意识。

当球飞往禁区的时候，大家会像群鱼抢食，一哄而上。这个时候，得有球员做出不一样的选择。

不要都去凑热闹，判断第二落点，也许你会“悠然见南山”。

庖丁解牛

当庖丁对解牛有了一种纯粹与专注之后，他眼中的牛与一般人眼中的牛就不同了。那骨节与骨节之间就有了缝隙，而手中的刀则薄到了没有厚度，因此可以做到“以无厚入有间，游刃有余”。

只要你安静下来，专注起来，看起来盘根错节的事物，其实都可以理出头绪。足球运动也是一样，再严密的防守，再犀利的进攻，都能找到破解的办法。

当我们觉得找不到解药的时候，其实我们缺的不是药，而是药引子。这个药引子名叫“纯粹”。

助人为乐

踢球的人，必须学会“助攻”，才可能取得成功。绿茵场上，没有人能够独自成功。

成就别人才能成就自己。这是踢球的道理，也是足球诠释的人生哲理。

助人为乐，不是觉悟高，而是刚刚觉悟。

争长论短

为人处事，为一些小事而斤斤计较，既不利于团结又浪费精力。但是，对职业球员来说，养成争长论短的习惯是非常有益的。

哪怕是再小的细节，都应该细抠。长处要抠，短处更要抠。不仅要自己抠自己，还要相互抠。

玉是打磨出来的，球技是抠出来的。

枝附影从

一切创造皆从模仿中来。

模仿是一种学习方法，也是一条成长的捷径。模仿得传神了，模仿得多了，自然会“胜于蓝”。

世界足坛，经常有“神仙球”诞生，经常有精妙的配合出现，其中大多数都是模仿出来的。

参考书目

1. 毛泽东 . 毛泽东选集 . 第一卷［M］. 北京：人民出版社，1991.

2.［英］加文·莫蒂默 . 足球的历史［M］. 上海：上海社会科学院出版社，2018.

3.［英］德斯蒙德·莫里斯 . 为什么是足球？［M］. 北京：北京联合出版有限公司，2018.

4.［日］都并敏史 . 足球战术与阵形图解［M］. 北京：人民邮电出版社，2018.

5.［美］丹·布兰克 . 足球智商［M］. 北京：北京科学技术出版社，2017.

6. 金一南 . 胜者思维［M］. 北京：北京联合出版公司，2017.

7.［英］克里斯·安德森，［美］戴维·沙利 . 数字游戏［M］. 湖南：湖南文艺出版社，2016.

8. 晓明 . 六韬三略［M］. 武汉：崇文书局，2016.

9. 孙武 . 孙子兵法［M］. 北京：中国纺织出版社，2016.

10. 马继业，仝晰钢 . 三十六计［M］. 武汉：崇文书局，2015.

11. 李零 . 兵以诈立［M］. 北京：中华书局，2012.

图书在版编目（CIP）数据
足球经略 / 刘广迎著.—北京：中国工人出版社，2018.12
ISBN 978-7-5008-7115-6
Ⅰ.①足… Ⅱ.①刘… Ⅲ.①足球运动—文集 Ⅳ.①G843-53
中国版本图书馆CIP数据核字（2018）第289698号

足球经略

出版人　王娇萍
责任编辑　安　静
责任校对　赵贵芬
责任印制　栾征宇
出版发行　中国工人出版社
地　址　北京市东城区鼓楼外大街45号 邮编：100120
网　址　http://www.wp-china.com
电　话　（010）62005043（总编室）
（010）62005039（出版物流部）
（010）62382916（职工教育分社）
发行热线　（010）62005049　（010）62005042（传真）
经　销　各地书店
印　刷　北京美图印务有限公司
开　本　880毫米×1230毫米　1/32
印　张　10.125
字　数　180千字
版　次　2019年1月第1版　2019年10月第2次印刷
定　价　39.00元

本书如有破损、缺页、装订错误，请与本社出版物流部联系更换
版权所有 侵权必究